1冊読み切る読書術

齋藤孝
SAITO Takashi

ダイヤモンド社

はじめに

「漫画は読めるけど、文字だらけの本だと途中で飽きてしまう」
「読書したいと思っているのに、時間がない」
「本を買っても、〝積ん読〟してしまう」

はい、その気持ちよくわかります。
どうしたら1冊読み切れるようになるのか？
この本の出発点は、そこにあります。

私は明治大学の教職課程で教えていますが、教師志望といえども、読書に苦手意識を持つ学生はいます。
小中学生に教える機会もあるのですが、やはり読書に苦手意識を持つ子は少なくありません。

でも、私ならではの読書の楽しみ方を教えると「えっ、そんな方法もあるのか」「それならできそうだな」と思ってくれるようで、読書への苦手意識が薄まっていくのがわかります。

はじめに断っておきますが、
◉本は最初から最後まで順番に読まなくてもいいです。
◉3章くらいから読んだほうがいいこともあります。
◉頭に入れるのは3割くらいで十分です。
◉3分のスキマ時間を使って1冊読めます。
◉その都度3行でSNSに感想を投稿するといいです。

どうでしょうか？　ちょっとできそうに思っていただけたのではないかと思います。
「最初から最後まで頑張って読む」
「途中であきらめない」

そんな漠然とした考えは、今すぐ捨ててしまって結構です。

そもそも「読書が苦手」と「読書が嫌い」ということは、本質的に違います。

両方ともネガティブな印象ですから、なんとなく似ているようにも思えますが、中身はまるで違うのです。

「読書が苦手」という人は、

「本を読みたいという気持ちはある」「でも、なかなか読み進められない」

こんな相反する気持ちが混ぜこぜになって、一歩前に進めなくなっています。

それは「読書が嫌い」ということとは違うのです。

この本を手にしたあなたは「読書が嫌い」というわけではなく、あくまでも「読書が苦手」な人。そうでなければ、本を1冊読み切ろうという、この本を手に取ろうとは思わなかったはずです。

読書に関しては、こんな興味深い話があります。

世界には、最初から最後まで生涯で5冊も本を読まない人が大勢います。アメリカの大手出版社によれば、「購入された書籍全体の95%が読了されていない」のです。でも、途中まで読もうとしただけでもまだマシです。「購入された書籍全体の70%は、一度も開かれることがない」のですから。

『自分を変える1つの習慣』（ロリー・バーデン著、児島修訳、ダイヤモンド社）より

程度の差はあるでしょうが、日本でも似たり寄ったりではないでしょうか。

世の中には読書に関する本がたくさんありますが、その多くは〝読書好き〟を対象にしています。

読書好きの人に向けて読書の醍醐味や楽しみ方を語っているのですから、本と縁遠くなっていたり、本を読むことに苦手意識がある人は、蚊帳の外です。

この本では、もっとずーっと手前に目標を設定しました。

目指すは、とにかく「1冊読み切る」ことです。

私が長年かけて蓄積してきた〝戦略的に読み切る技術〟を、できるだけ噛み砕いて読みやすすく、難しいこと抜きで書きました。

もっとも終わりのほうでは、世界的な文豪であるドストエフスキーの長編小説『カラマーゾフの兄弟』だって読破できる方法も紹介します。

私は大学で『カラマーゾフの兄弟』を読む授業をしていますから、あなたも私の教え子になったつもりで、一緒にチャレンジしてみてください。

さて、前置きはこれくらいにしておきましょうか。

まずは、この本を読み切ってもらうことが大前提です。

「この本で初めて1冊読み切る感覚がわかった！」

そういう体験をしてもらえたら、これ以上の喜びはありません。

読書とは文章を読むことですが、大切なのは「文章を読む」ことより「楽しんで読む」ということです。

それでは、その方法についてお話していきましょう。

目次

第2章

人に話したくなることを3つ見つける

第3章 頭に入れるのは3割でいい

第4章 3分の細切れの時間で1冊読める

第5章

3色ボールペンを使おう

終章 3つのステップで長編古典だって読める

序章

1冊読み切る
一番カンタンな方法

1

小さな成功体験を積んでいく

「長い文章を読むのが、どうしても苦手」という人は、ひとまず短編（ショートショート）で、〝読み切る自信〟をつけていくことから始めてみましょう。

ショートショートとは、短編のなかでも、特に少ない文章量で書かれた小説のことです。文章量に明確な決まりはありませんが、ごく数分で読み切れるものが多いです。

そして、「○○短編集」「△△ショートショートセレクション」「××ショートショート傑作選」といったネーミングで、いくつかの話が文庫として1冊にまとめられているケースが多いです。

ここで言い切ってしまいましょう。

そのなかの1話だけ読んで「1冊読み切った」と言ってしまってもかまいません。それぞれが独立した作品なのですから問題はないのです。私が保証します。

冒頭から「それでいいのか!?」と拍子抜けしたかもしれませんが、それでいいのです。まずはそうやって、小さな成功体験を積み重ねていきましょう。

私の大学の教え子に、ほとんど本を読んだことがないという運動部の学生がいました。「先生、本を読んでみたいのですが、なにを読んだらいいのか、さっぱりわかりません」と言うので、私はその学生に、

「芥川龍之介の短編を読んでみたらいい。短編集なら1冊に20作品くらい入っているから、全部読んだら『20冊読んだ』って言えるよ」とアドバイスしました。

芥川のように教科書にも載っている文豪の作品は、難しそうなイメージを抱くかもしれませんが、実のところ読みやすいです。

数日後、その学生が芥川の短編を読んだというので、ほかのゼミ生の前で感想を発表してもらいました。

すると、自分の経験に重ねて、とても愉快に話すではありませんか!

それを聴いた学生たちが魅了されて「俺も読んでみる」「私も読んでみたい」という声が上がったほどでした。

「青空文庫」（www.aozora.gr.jp）という著作権が消滅した作品を無料で読めるサイトがあり、短編1作を1冊としてリストアップしています。文豪の小説から思想家の名文まで読み放題ですから、一度利用してみる価値があります。

「青空文庫」の無料アプリをスマホにダウンロードして開くと、**「作家名で探す」「作品名で探す」**という選択肢だけでなく、**「分量で探す」**という選択肢も表示されます（次ページ参照）。

「分量で探す」を選択すると**「5〜10分で読める」「10〜30分で読める」**というふうに、時間を目安にして作品を選ぶことができます。

そこから5分で読める作品を選んで、通勤・通学の電車やバス、それに待ち合わせ時刻までのちょっとしたスキマ時間に読んでみるといいです。

まずはごくごく短い話で〝読み切る感覚〟に慣れていって、小さな成功体験を積み重ねるところから始めましょう。

「青空文庫」の無料アプリでスキマ時間に短編を読んでみよう

①「分量で探す」を選択

②「5-10分で読める」を選択

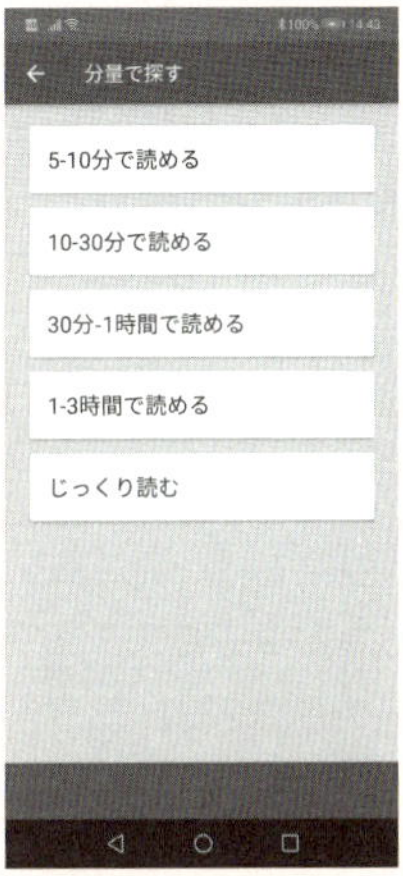

③適当に作品を選択

④スキマ時間に読んでみよう

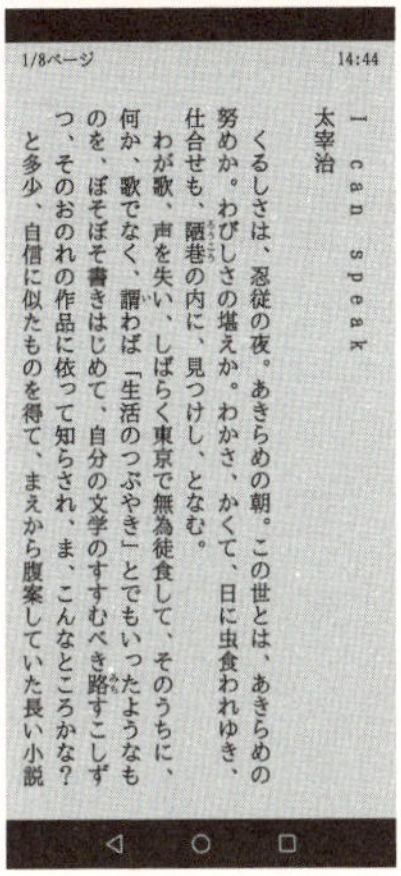

Point

読み切る自信をつけるところから始めよう

2 いつでもどこでもスキマ時間に読む

「文章量が少ないとはいえ、文豪の作品はとっつきにくい」と思う人がいるかもしれません。ならば、星新一さんの作品を読んでみてはいかがでしょうか。

星新一さんはSF作家であり、ショートショートの第一人者として、とても有名な人です。

1000編以上の作品を残していますが、1話3分もあれば読み切れるものが多いです。ごく短い文章でありながら、きちんと起承転結があり、奇抜なアイデアと意外な結末で、読みごたえがあります。

また、『2分間ミステリ』（ドナルド・J・ソボル著、武藤崇恵訳、ハヤカワ・ミステリ文庫）というシリーズもおすすめです。

見開き（2ページ）で完結する1話が、タイトル通り2分程度で読めるので、いつでもどこでもスキマ時間に楽しめます。

こうしたショートショート集は、それぞれ独立した作品の集合体ですから、なにも最初から最後まで順番に読む必要はありません。

そのときの気分に応じて、読みたいと感じた話から読めばいいです。読んだ話にボールペンでチェックを入れるなどして、コツコツと読み切っていきましょう。

このように短編（ショートショート）から徐々に慣らしていく作業は、登山家がエベレストのような高山に挑むとき、標高の低い地点から高い地点へと徐々に体を高度順応させるようなものです。

「ショートショート↓短編↓中編↓長編」という具合に、徐々に慣らしていけば、必ず長編も踏破できるようになります。

Point

高い山へ挑むように徐々に長編へたどり着く

収録されているショートショート15話すべてが、「ノックの音がした」の一文で始まる。もうそれだけで興味深い。1話が短いから電車で読むにはちょうどいい。

見開き（2ページ）で完結する、たしかに2分間でサクッと読める全71話。クイズ形式の「謎解き」になっているので、何問正解できるか挑戦してみよう。

3 オーディオブックを聴きながら読む

読書が苦手な人はもちろん、読書好きにもおすすめしたいのが、朗読を聴きながら本を読むという方法です。朗読の音声が背中を押してくれるように、最後まで読書の道案内をしてくれます。

マラソン大会では、3時間とか4時間といったゴールタイムに応じて、ランナーをゴールまで導いてくれる「ペースメーカー」が伴走することがあります。

朗読を聴きながら本を読むということは、まさに朗読がペースメーカーとなって、最後まで読書の伴走をしてくれるようなものです。

これは、文章量が多めの本を1冊読み切る感覚を身につけるうえで、手軽ながらも確実に効果を得られる方法です。

古くは「カセットブック」「CDブック」が一般的でしたが、近ごろではインターネットで作品を検索し、音声データをダウンロードする「オーディオブック」が充実してきました。

スマホにダウンロードして、通勤・通学の電車で聴きながら読むもよし、カフェで聴きながら読むもよしです。

オーディオブック大手のオトバンク（audiobook.jp）では、ビジネス書や小説など約1万冊を対象に月750円の聴き放題プランがあります。

テーマ別のブックリストもありますから、本選びの参考になるでしょう。

朗読を聴きながら本を読むのは、文章を目だけで追う普通の読書とは、ちょっと違った味わいがあります。本の内容が耳から入ると、目だけで読むより映像が頭に浮かびやすくなるので、作品の世界に入りやすくなるのです。

これはラジオを聴いている感覚に近いものがあります。ラジオの野球中継で、「筒香打った！　大きい！　大きい！」などと聴くと、球場のスケール感やボールの軌道が映像として浮かんできますよね。

これと同じようなことが、朗読を聴くことでも体験できるのです。音声と文章を頼りに目に見えないものを想像するのは、結構ワクワクする体験です。

110ページでもお話しますが、読書と音楽は相性抜群です。「朗読は声による演奏」とも言われます。その演奏に導かれながら、目で文章を追っていくと1冊読み切るという成功体験を得る近道になるのです。

樋口一葉（5000円札の人ですね）の『たけくらべ』のように、文章を読むより朗読を聴いたほうが理解しやすい作品もあります。

一葉の文章は読点「、」でつなげられた、句点「。」による切れ目のない非常に長い一文が特徴です。さらに会話の部分にカギ括弧がなく、誰が発言しているのかわからなくなりがちでもあります。

そうした文章の癖を朗読家が補ってくれるので、理解しやすくなるのです。

特に朗読の第一人者、幸田弘子さんによる『たけくらべ』は素晴らしく、会話文の区別もわかりやすいです。

Point

朗読に読了まで伴走してもらおう

4 映画を観てから原作を読む

1冊読み切るためには、ある程度予想通りの筋書きで、結果も予想通りの本を読んでみるのも1つの手です。

予想通りというのは、ちょっと難しい言葉でいうと「予定調和」といいますが、かつてテレビ放送されていた時代劇『水戸黄門』のようなものです。

水戸黄門と助さん格さんらが旅をするなかで弱い者を助け、ドラマの佳境になると「控え居ろう、この紋所《もんどころ》が目に入らぬか！」と三つ葉葵の紋所が描かれた印籠を悪役に見せつけ、黄門様の正体を明かすという予想通りの筋書きです。

テレビアニメでいえば『サザエさん』や『ちびまる子ちゃん』もそうですね。お

なじみの登場人物がいて、似たり寄ったりの話が繰り広げられますが、**予想通り**

だからこそ安心して楽しめます。

「予想通りの本」といわれても、いったいどんな本なのか、イメージが湧かない人もいるでしょう。

手っ取り早いのは、映画の原作本です。

映画を観た後に原作を読むと、すでにストーリーを知っているので、グイグイ前に進めるのです。当然といえば、当然ですね。

映画を観て感動したら、その足で書店に行って原作を買い、近くのカフェにでも入ります。そして、感動の余韻に浸りながら原作を読めば気分が乗り、ページをめくる手も進むというものです。

「クライマックスの場面や結末までわかっているのに、あらためて原作なんて読んで面白いの?」

こんな疑問を抱いた人は、まるでわかっていません(笑)。映画を観た後でも十分に楽しめます。

原作を楽しむポイントは「心理描写」にあります。要するに登場人物の心の動きです。細かい心理描写をさせたら、本（文章）は映画（映像）を上回るのです。

実際、映画を観た後に原作を読むと、「登場人物のことがもっと好きになった」という感想を持つ人が多いです。

「あの場面で、主人公はどんな気持ちだったんだろう？」

そんなことを想像しながら、答え合わせするような感覚で読んでいくと、物語の世界にもう一段深く入り込むことができます。

Point

ストーリーが予想通りの本を読むとサクサク読める

5 クライマックスから音読する

私は大学で『罪と罰』（工藤精一郎訳、新潮文庫）をテキストに授業をすることがあります。

『罪と罰』といえば、ロシアの文豪ドストエフスキーの代表作であり、世界的名著とされる長編小説（上巻585ページ・下巻601ページ）です。

本来は学生全員が『罪と罰』を読んでいることを前提に授業を進めたいところですが、大半が読んでいないのは織り込み済みです。

そこで私は授業の冒頭、こう呼びかけます。

「まったく読んでない人もいると思いますが、心配無用です。さて、下巻の506ページを開いてください」

「えっ？　ほとんど終わりのほうだけど……」と、学生たちが戸惑う様子は見て見ぬふりをします。そこから7～8ページを全員で音読してもらうのです。

音読するのは、クライマックスのシーン。人殺しの罪を犯したラスコーリニコフという主人公の青年が、ソーニャという娼婦に殺人の告白をします。ソーニャが「一緒に十字架を背負いましょうね」と声をかける感動的なシーンです。どうしようもない人殺しの青年を受け入れるソーニャの素晴らしさ。その精神に胸を打たれるシーンです。

そんなクライマックスを音読すると、学生たちが「おお！」と声を上げるくらいの感動に包まれます。すかさず私は、こう宣言します。

「ということで、これで『罪と罰』は全員読んだということにします。誰に向かっても『読んだことがある』と言い切って大丈夫です。私が保証します。周りでなにか失敗した人がいたら『くじけなくていいよ、一緒に十字架を背負いましょうね』と言ってあげてください」

クライマックスを音読して興味を抱くところから始めて、物語をさかのぼって読むのが本来の狙いです。

音読すると、黙読するよりじっくり深く味わえます。ですから、クライマックスの数ページを音読してから、読み始めてみるのもおすすめなのです。

すべてのページを黙読しても、3年後にはかなりの部分を忘れてしまいます。しかし、クライマックスを音読すれば、一生印象に残って、人に話すことができます。

海外旅行で、その都市の一番いいところをじっくり歩いたら、「その都市に行ったことがある」と言えます。

音読は「徒歩」、黙読は「バス旅行」にたとえることもできます。

Point

クライマックスだけ読んでも読了した気になれる

第 1 章

3つのポイントで
読み切れる本を見つけよう

6

興味のある「テーマ」で選ぶ

1冊読み切るため「どう読むか」という以前に、そもそも「なにを読めばいいのかわからない」という人も多いと思います。

そこで、まずは興味のある「テーマ」を考えるところから始めてみましょう。

具体的には、あなたが「興味があって詳しいテーマ」と「詳しくないけれど興味があるテーマ」について考えてみます。

当たり前の話ですが、「興味があって詳しいテーマ」の本なら読み切れる可能性が高いです。基礎的な知識があるので、読むときの負荷が少なくて済みますし、もっと知識を吸収したいという知的欲求もあるからです。

私はサッカー観戦が大好きですが、私のようにサッカーに興味があって詳しい人なら、まずはサッカー関連の本を選んでみるということです。『ヨハン・クライフ「美しく勝利せよ」』（二見書房）、『マラドーナ自伝』（幻冬舎）など、結構厚い本でも読みやすい本はたくさんあります。

「小説は苦手だけど競馬は好き」という人なら、障害競走の元騎手であるイギリスの小説家、ディック・フランシスの『興奮』『本命』『大穴』（ハヤカワ・ミステリ文庫）など、競馬がテーマで質の高い作品があります。

ただし、**自分が詳しいテーマの本ばかり選んでいたのでは、知識の幅も考えの幅も広がりませんから「詳しくないけれど興味があるテーマ」の本にも、ぜひチャレンジしてみましょう。**

たとえば「詳しくないけれど歴史に興味がある」という人なら、歴史の本を読んでみるという具合です。

ひと言で歴史といっても多岐にわたりますから、「戦国時代」「幕末」など時代を分けて、自分が一番興味のある時代から本を探してみると入りやすいでしょう。

文庫の時代小説を選ぶもよし、テーマに特化した新書を選ぶもよし、です。

時代小説ならば、取っつきやすいところでいうと、映画化された『のぼうの城』（和田竜、小学館文庫）や『超高速！ 参勤交代』（土橋章宏、講談社文庫）、新書なら最近のベストセラーから『信長はなぜ葬られたのか』（安部龍太郎、幻冬舎新書）や『不死身の特攻兵』（鴻上尚史、講談社現代新書）などがあります（映画化された本なら、映画を観てから読んでもいいですね）。

最初の1冊としては、ちょっとハードルが高いと感じる人がいるかもしれませんが、興味があれば意外とハマるかもしれません。

慣れてきたら「興味があって詳しいテーマ」と「詳しくないけれど興味があるテーマ」をそれぞれ3つ選んでみましょう。

「仕事」「家庭」「趣味」という、身近な3つのテーマから興味のあるものを選ぶのも1つの手です。

「仕事」に関連する本を選んだとしても、「企画のセンスを磨きたい」「会計を学びたい」など、自分の仕事の関心事に応じて本を探すことができます。

いずれにしても「失敗してもいいじゃない」くらいに思っておいてください。途

中で読むのが嫌になっても、罪悪感を覚えることは一切ありません。

読み切ることを必要以上に大層にとらえるのは、ストレスのもとになってしまいます。

「これだ！」と思って買った本が、読んでみたら面白くなかったり、文体が合わなかったりすることは、私にだってあります。だからといって、お金も時間も無駄になったのかといえば、そんなことはないのです。

失敗しても、自分の好きな本を選ぶ〝感度〟を高めていくことができます。

これは本選びに限ったことではありませんが、失敗と成功のプロセスを楽しむ〝心の余裕〟を大切にしていきましょう。

Point

まずは得意なテーマから攻めよう

7 興味のある「著者」で選ぶ

「興味のあるテーマと言われても、全然思いつかない……」と、頭を抱えてしまった人がいるかもしれません。

それなら興味のある「テーマ」ではなく、興味のある「著者」を思い浮かべてみましょう。

「この人の話なら聞いてみたい」「この人は面白そうだな」という人を思い浮かべてみるのです。

たとえば、池上彰さん。「好きな解説者ランキング」を作ったとしたら、ダントツでトップになりそうです。

どんなに難しい政治や経済の話でも、やさしく、興味深く、しかも愉快に解説してくれます。

池上さんの本がたくさん売れるのは、テレビ番組を通じて、こうした信頼感や安心感を多くの人が共有しているからでしょう。

どこかの大学の知らない学者が政治について書いた本があっても、なんとなく難しそうな気がしてしまいます。それが、池上さんならわかりやすく解説してくれそうに思えるわけです。

池上さんがどんな口調で、どんなふうに解説してくれるかを知っていますから、本を読むときもそのイメージが思い浮かんで、読みやすく感じられます。

同じようにテレビ番組をきっかけにすると、興味のある著者を見つけやすいと思います。

「『半沢直樹』や『下町ロケット』を毎週観ていたけれど、あのテレビドラマの原作者って、池井戸潤さんっていう小説家なんだな」

「『アメトーーク！』に読書芸人として出演していたオードリーの若林正恭さ

んって、本を書いているらしいな」

こんなきっかけで、1冊手にしてみればいいのです。

こんなふうにして慣れてきたら、興味のある著者を3人選んでみましょう。

ある教え子は中学生のとき、父親がテレビの教養番組を観た後、それに関する本を買って読んでいた姿を見て、自分もその本に興味を持って読み始めたといいます。

こうした間接的なきっかけもありますから、日常のさまざまな行動に読書のアンテナを立てておくと、きっと実を結びます。

Point

テレビ番組をきっかけに本を選んでみよう

8 本棚を用意する

読みたい「テーマ」や「著者」に当たりをつけたら「さっそく書店へ」と言いたいところですが、その前に用意してほしいものがあります。

それは「本棚」です。

自分の本棚があると、〝読書のアンテナ〟がびんびん立つのです。

ある小学生は、幼いころから自宅が本棚だらけで、廊下やトイレにまで本があふれ、目についた本を手に取っては開いていたそうです。すると自然に本が好きになり、小学生になってからは図書館に入り浸るようになったといいます。

私の教え子に「自宅に本棚がない」という学生がいたら、まずは本棚を買うように指導します。ヤフオクやメルカリで中古品を安く買ってもいいので、とにかく本棚を用意してほしいのです。

私がアドバイスして本棚を買った学生が**「先生、本棚がドンドン埋まっていきます！」**と興奮気味に報告してくれたこともありました。

私自身は大学生時代、「本棚を1年に1つずつ増やす」ことを目標にして、今日まで実行してきました。

さらに私は、こうも指導します。

「読まなくてもいいから、本棚にはドストエフスキーの『罪と罰』を並べなさい」

世の中には、名著『罪と罰』が本棚にある家とない家の2つしかありません。たとえ読んでいなくても、『罪と罰』が本棚にある家のほうが格好いいし、文化的じゃありませんか（笑）。

日本の文化レベル向上のためにも、学生にはとりあえず『罪と罰』を本棚に置いてもらうことにしているのです。

ちなみに私の自宅にある本棚はというと、一般的なものよりも奥行きのあるタイプです。奥に単行本、手前に背の低い文庫本を配置すれば、効率よく収納できますし、後ろの本が隠れることもありません。

自宅の本棚に並んだ背表紙をざっと眺めるだけでも、自分がどういうことに興味があるのかを知る手立てになりますし、読んでいた当時の記憶もよみがえってきます。

そうやって自分の本棚に読書歴が〝見える化〟されると、読書のアンテナがびんびん立つようになります。そして、「もっと本棚を充実させていこう」というモチベーションが湧きやすいのです。

Point

本棚を置いて読書のアンテナを立てよう

とにかく本棚を買う
読書のアンテナが
立つようになる
面白そうだな
本を買うようになる
本棚がどんどん
埋まっていく
本棚を見るだけで自分の
世界が豊かになっていく
ずいぶん
読んだな

9 まずは「文庫」「新書」から

今ではアマゾンなどのネット書店で本を買うことが当たり前になり、街なかの書店の数は20年前に比べて半数近くに激減しています。

それでも、私はあえて街の書店を訪れてみることをおすすめします。

そして、とりあえずは「文庫」「新書」のコーナーに向かいましょう。なぜなら、どれも数百円と比較的安価なので、仮に失敗したとしても懐がそんなに痛まないからです。

特に文庫は、時代小説のような書き下ろしもありますが、単行本で刊行されてある程度売れた本が、数か月から数年後に文庫化されるのが一般的です。

全部が全部文庫化されるわけではなく、いわば〝選ばれた本〟が文庫化されるのですから、それだけで「当たり」を引く確率が高いといえます。

書店では、まず表紙が上になって販売台に積まれている「平積み」に注目してみましょう。

本棚に差されて背表紙しか見えない「棚差し」よりも、目立つように平積みされている本は「売れている本」か「書店員が売りたい本」です。

要するに、これも〝選ばれた本〟である可能性が高いのです。

平積みされた本を見渡して、とりあえずカバー（表紙）のタイトルをパッと見て「面白そう」と感じた本を手に取ります。

パラパラとめくって文章とフィーリングが合いそうだったら、もう買いです。

難しいこと抜きで、まずは第一印象の直感だけで判断することは大切です。「平積み10冊のうち1冊に絞るならどれにするか」という視点で手に取ると、自分に合った本が見つかりやすいです。

自分の目利きにちょっと自信がないという人は、最後のほうのページをめくってみてください。発行年月日などが記載されている「奥付」と呼ばれるページがあります。

奥付を見て、だいぶ前に刊行された本や、何度か増刷している本（第5刷などと数字が書いてあります）を選んでみましょう。

そうした本は長く売れ続けている「ロングセラー」といわれる本ですから、大ハズレのリスクも低くなります。

そんなふうに「文庫」「新書」のコーナーをひと通り流してみると、書店の規模にもよりますが、3〜5冊は相性のいい本が見つかるはずです。それを全部買ってしまうのもいいですし、厳選して1冊だけ買ってみるのもいいでしょう。

Point

選ばれし平積み本から面白そうな本を探そう

10

書店をぶらぶらする

街なかにある書店のよさは、店内をぶらぶらしているうちに、本来なら選ばないような本や、まったく予期していなかった本と〝偶然出会う〟ところです。

ネット書店でも、アマゾンなら「この商品をチェックした人はこんな商品もチェックしています」というような閲覧・購入履歴などをベースとする関連書籍が表示されます。

それはそれで私も参考にしています。しかし、自分が興味のないような本を含め、たくさんの実物が陳列されているリアル書店では、思ってもいなかった偶然の出会い（セレンディピティ）が生まれるのです。

書店をぶらぶらするのは〝知の宝探し〟のようなもの。「自分は今どんなことに

興味があるのか」に気づかされ、興味の領域がどんどん広がっていきます。

それぞれの書店によって売れ筋や書店員のおすすめ、本の並べ方も違います。実際にいろいろな書店に足を運んで見比べるだけでも、新たな〝気づき〟が生まれるはずです。

ビジネス街にある書店と、イオンなどの親子連れが集まる大型商業施設にある書店では、品ぞろえも売れ筋もおすすめも違います。

さらに、同じ都心のビジネス街であっても「丸善・丸の内本店」と「紀伊國屋書店・大手町ビル店」では、徒歩で5～6分しか離れていないにもかかわらず、売れ筋やおすすめの並びが、かなり違うように感じられます。

ネット書店は実際の置き場はありませんから〝無限の空間〟、リアル書店は店舗面積が〝有限の空間〟なので、リアル書店の品ぞろえは不利だと語られることがあります。

たしかにそういう面は否めませんが、一方でリアル書店では、選択肢の広がりを空間の広がりとして体感できるという優位性があります。

私の感覚からすると、書店に足を運んだほうが実際に本を手に取って中身を見ることができるので、より印象に残ります。

なかば冗談として、書店は幾らか入場料をとってもいいとさえ思うくらいですから、店内をぶらぶらするだけでもかなり有意義です。

もちろん、ネット書店でも閲覧・購入履歴を反映した未知の本と出会えるチャンスはあります。

どちらか一方だけがよいとか悪いとかいうことではありません。

パソコンやスマホですぐにアクセスできるネットだけでなく、リアル書店にも足を運んで双方のいいとこ取りをしてほしいと思います。

Point

リアル書店で偶然の出会いを楽しもう

11

迷ったらとりあえずベストセラー

なにを読もうか迷ったとき、とりあえず今売れている「ベストセラー」を買ってみるというスタンスは有効です。

シンプルに「みんなが読んでるから」という理由だけで、とにかく売れ筋を買って読んでみるのです。

流行りものに触れていると、みんなと話が合いやすいことが大きな理由です。

ベストセラーは、雑談ネタとしてお手軽なトピックになります。

映画でいうと、2016年に『シン・ゴジラ』や『君の名は。』がヒットしたとき、私はすかさず上映館に足を運びました。

特にゴジラが好きでもアニメが好きでもないのですが、大勢の人が観ている
ヒット映画は押さえておこうと、すぐ行動に移したのです。

もっと前、2014年に『アナと雪の女王』がヒットしたときも、上映館まで
足を運びました。幼児も観るような映画ですが、それでも流行っているという理
由だけで観たのです。

**すると、面白いほどいろんな人と話が合う、合う！　学生、社会人、年齢や性
別を問わず、初対面の人とも話が盛り上がったくらいで、その影響力に驚かされ
ました。**

これと同じように本のベストセラーは、大まかな内容を押さえておくだけでも
学校や職場、商談先での雑談に使えます。
「あれ、読みました？」
「読みました、読みました、あの赤いカバーの本ですよね」
「そうそう、それです！」

この程度の浅い会話でも十分に共感し合えますから、〝とりあえずベストセラー〟は〝とりあえず損しない〟のです。

ベストセラーは、必ずしも良書とは限りません。それでも「なぜこの本が売れているのか？」という疑問を掲げ、それを考えながら読み、自分なりの結論を人に伝えることで、考える力も読み切る力も身についていきます。

Point

ベストセラーを読んで雑談のネタにしよう

12

「ジャケ買い」をする

本やCDのカバー（表紙）が気に入ったから買うことを、俗に〝ジャケ買い〟（ジャケット買い）といいます。これも真っ当な選択肢の1つです。

なぜなら、未知のジャンルと偶然出会うきっかけになり、自分の好奇心の範囲を広げられるからです。

2007年のことですが、太宰治の『人間失格』（集英社文庫）のカバーを『DEATH NOTE』（集英社）の漫画家・小畑健さんのイラストで飾ったところ、その年の3か月だけで10万部を突破するという異例のヒットを記録したことがありました。当時、教え子たちに「このカバーの本を買った人いる？」と尋ねたら、予想以上に多くの学生が手を挙げたので、驚かされたのを覚えています。

『人間失格』は、著者が没後50年を超えているため著作権が切れており、16ページでも触れた「青空文庫」に収録されています。つまり、お金を払って文庫を買わなくても、無料で読むことができる作品なのです。

『人間失格』は集英社とは別の出版社からも刊行されていて、すでに1冊持っていたにもかかわらず、もう1冊買った学生もいました。さらに『人間失格』にも太宰にも、まったく興味がないという学生も買っていたのです。

これは小畑さんのカバーイラストの力以外のなにものでもありません。

小畑さんが描いたカバーイラストには、『DEATH NOTE』の主人公を思わせる学生服姿の男子が、不敵な笑みを浮かべて座っています。『人間失格』の主人公の暗さ、悪さといった世界観が絶妙に表現されているのです。

これが読者の脳裏に強烈に焼きつき、作品に引きずり込む力を持っています。

カバーのビジュアルだけでなく、本文に掲載されている「挿し絵」も重要です。

文字だけの本を読んでいると、途中で疲れてしまうことがあります。文章から場面などのビジュアルを想像するため、脳のエネルギーを消耗するからです。

ところが挿し絵があると、想像力の助けになってくれます。

かつての「少年少女世界文学全集」のようなシリーズものには、絶妙にイメージの湧く挿し絵が載っていました。挿し絵とともにストーリーを思い出すという人もたくさんいるくらいです。

「創元推理文庫」の江戸川乱歩シリーズは、挿し絵がいい味を出しています。

「このイラスト、なんか味わいあるなあ」

「挿し絵を見るだけで癒される」

そんな理由で本を手に取ってみるのは、なんら邪道ではありません。必然的に最後まで読み切る確率も高くなります。

Point

カバー（表紙）が気に入ったら買ってみよう

第2章

人に話したくなることを3つ見つける

13

目次で選ぶ

この章では、本の選び方について、もう少し掘り下げていきましょう。

書店でぶらぶらしながら、平積みされている本を眺めて、タイトルやカバーのビジュアルに惹かれたら、その本を手に取って「目次」を開いてみましょう。

目次は、その本の設計図であり、全体をコンパクトにまとめている縮図のようなものです。

読者の興味を惹くように、親切な言葉で目次がプレゼンをしてくれているともいえるでしょう。

目次をパッと見て、自分に刺さる見出しがあれば、それだけで本を買って損はありません。

もっといえば、自分を前向きに動かしてくれそうだったり、人に話したくなるような見出しがあれば「買い」ということです。

逆にとっつきにくそうな印象を抱かせてしまうのは、著者や編集者が不親切か、内容を整理できていないか、あるいはその両方です。

そういう本を読んでも、途中で挫折する可能性が高いですから、著者や編集者のせいにして早々に引き上げましょう。

最近の本、特に自己啓発書や実用書では、メッセージ性の強い見出しが多いです。こうした見出しには、著者や編集者の熱意がよく表れています。

こういう目次であれば、どんなことを、どこまでの広さ（深さ）で取り上げているのか、どんなことを主張しようとしているのかが一目瞭然です。

もちろん、奇をてらっただけの〝見かけ倒し〟のこともなくはないのですが、基本的に目次を見れば、自分に合うかどうかが判断しやすいです。

私も学者をしているからよくわかるのですが、学者の場合「難しいことをわかりやすく書いてくれる先生」と「難しいことを難しいまま（わかりやすいことも難しく）書いてしまう先生」に大きく分かれます。

未熟な学生が背伸びをして難しそうに書くぶんには、かわいいものです。でも、学生を指導する立場の学者が、わかりにくいまま一方的に書いてしまうのは、著者の怠慢でしかありません。

学者にとっては当たり前のことでも、読み手にとっては難解でついていけないことは多いです。

どんなに優れた内容でも、それが伝わらなければ意味がありませんから、そういう配慮のなさを目次から感じたら、潔く引き上げていいのです。

物事を簡潔にわかりやすく書ける著者の場合、難しそうなテーマを扱っていても、目次を見るだけで、なんとなく頭に入りやすそうな気にさせてくれます。

買うべきは、そういう目次の本です。

目次はその本のエッセンスをコンパクトにまとめたもの。よい本の目次はどんな本かわかりやすく「プレゼン」している。難しいことでもわかりやすく教えてくれるのが本当の実力のある本！

Point

目次から本の力量をチェックしよう

14

「はじめに」でわかった気になる

本を探すときに「タイトル」「目次」と着目したら、次は「はじめに」です。本の冒頭には普通、「はじめに」もしくは「まえがき」があります。その本に読者をいざなうための〝ツカミ〟とでもいいましょうか。

優れた「はじめに」は、その本の結論めいたことが書いてあります。「一言でいうと、私がいいたいことはこういうことです。本書は、その理由を明らかにするためのものです」といった具合に宣言しているのです。

いい本は潔いのです。

「はじめに」を読んだだけでも、わかったような気分になれる本は、いい本です。

冒頭でわかったような気分にさせつつ、その先を読み進めてみると、面白い発見が次々と出てくる。いい本は、そんな懐の深さを持っています。

「はじめに」がじれったい本は、もう最悪です。「さあ、これから面白いものを読ませます」と思わせぶりな口調ばかりで、内容を出し惜しみしてさっぱりわからない「はじめに」を読むと、私はイラッとすることさえあります。

私の大学のゼミでは、事あるごとに「1人15秒でコメントしなさい」と指導しています。学生に質問して3秒も間が空いたら「はい、終了」ということもあるくらい、モタモタしているのは悪だと私は思っています。

「この本は面白いです」「すごいです」などという能書きばかりで、どんな内容かさっぱり伝わってこない「はじめに」の本は、その先を読んだところでわからずじまいのことが多い。

文学作品ならいざ知らず、実用書や教養書などは端的に内容を教えてくれるのが一番です。「はじめに」どころか、カバーのタイトルや帯で結論めいたことが書かれてあるくらいが理想です。

私自身も、タイトルを読めば、だいたいわかった気になれる本をたくさん書いています。

『不機嫌は罪である』『「頭がいい」とは、文脈力である。』『声に出して読みたい日本語』『そんな友だちなら、いなくたっていいじゃないか！』などは、なかなかいいタイトルだと思います（笑）。結論は見え見えですが、読んで損はさせないつもりで書いています。

この本のタイトルも端的に内容を伝えているつもりです。80ページで詳しくお話しますが、本は〝出オチ上等〟なのです。

Point

「はじめに」でわかったような気になれる本は「買い」

15 出だしの3行で判断する

〝本選びのヒントになる本〟がありますので、紹介しましょう。『ジョジョの奇妙な冒険』（集英社）の漫画家・荒木飛呂彦さんが著した、その名も『荒木飛呂彦の漫画術』（集英社新書）です。荒木さんが漫画を創作するための秘密を惜しげもなく公開しています。

荒木さんは16歳で漫画家になると決意して、新人賞にせっせと応募していましたが、ボツになってばかりいたそうです。

そんな時期に荒木さんが最も恐れていたのは、一生懸命に描いて持ち込んだ漫画を、編集者が最初のページだけ見てボツにしてしまうことでした。

編集者のもとには日々原稿が持ち込まれていますから、最初のページを見ただけでものになるかどうかわかってしまうそうです。そのまま袋に原稿を戻されてしまうのは、漫画家にとっては相当にショックなことです。

そこで荒木さんは、売れている漫画の1ページ目を徹底的に分析しました。どうすれば最初のページから引き込めるかを考えまくったのです。

そして荒木さんは、こう結論づけました。

重要なのは最初のページの「絵」「タイトル」「セリフ」。面白い漫画は、絵にちょっとした驚きがあり、タイトルに興味が湧いて、セリフに心が惹きつけられると分析したのです。

冒頭の〝ツカミ〟が重要なのは漫画に限らず、小説や実用書も同じことです。

面白い本は、1ページ目の引きずり込む力が半端ないのです。

たとえば、次の文章を読んでみてください。

「申し上げます。申し上げます。旦那《だんな》さま。あの人は、酷《ひど》い。酷い。はい。厭《いや》な奴です。悪い人です。ああ。我慢《がまん》ならない。生かして置けねえ。
はい、はい。落ちついて申し上げます。あの人を、生かして置いてはなりません。世の中の仇《かたき》です。はい、何もかも、すっかり、全部、申し上げます。」

いかがでしょうか。冒頭から「申し上げます。申し上げます。」という、なにか訴えようとしている緊迫感に惹きつけられませんか？

さらに「我慢ならない」「生かして置けねえ」「世の中の仇です」など、穏やかではない言葉とともに「えっ、なんだ？　なにが起きた？」と、さらに惹きつけられます。

この話の続きが、ちょっと気になったのではないでしょうか。

これは太宰治の『駈込み訴え』という短編の冒頭です。

太宰治は、短編の名手です。「太宰治って、なんとなく難しいと思っていたけど、ちょっと面白そう」と思ってもらえたら嬉しいです。

読書に苦手意識を持つ人は、読み始めからつまずきがちです。

そうならないためには、「タイトル」「目次」「はじめに」を参考にするとともに、**出だしの3行だけでいいので読んで、面白そうだと思ったら買ってみるのもおすすめです。**

引きずり込む力のある出だしは、自転車に乗るときの電動アシスト機能のようなもの。あまり力をかけなくても、最初のひと踏みから、ペダルをこぐ足ならぬ、ページをめくる手が進みます。

Point

出だしから面白い本を読んでみよう

16 「おわりに」から読んでみる

これまで「タイトル」「目次」「はじめに」など、出だしの話をしてきましたが、本を「おわりに」(あとがき)から読むという人もいます。

「おわりに」には、著者の個人的な想いが記されているケースが多いです。「なぜこの本を書く気になったか」「書いている最中にどんな気持ちだったか」「書き終わってなにを思うか」など、いわば〝楽屋話〟が展開されるわけです。

ちょっと人間味を感じられる「おわりに」から読む人がいるというのも、うなずけます。

「戦地に向かうとき、この原稿を友人に託した」

こんな「あとがき」を目にして、私は思わず襟《えり》を正して本を読んだ経験があります。『日本政治思想史研究』（丸山眞男、東京大学出版会）という本です。「自分の人生をこの研究に捧げた」なんて言われるとたまらないという人は、ぜひ「おわりに」に目を通して、共感できる本を読んでみてください。

著者への〝共感〟が、1冊読み切る原動力となってくれることもあります。

共感したという点で私が印象に残っているのは、『大漢和辞典』（諸橋轍次、大修館書店）という世界最大の漢和辞典です。

そこには「劫火《ごうか》（大火災）によって一切の資料を焼失した。半生の志業《しぎょう》（事業）はあえなくも茲《ここ》に烏有《うゆう》（まったくないこと）に帰した」というエピソードが記されていました。

「資料を焼失!?　嘘でしょう！」

他人事ながら、思わずめまいがしてきました。かつて私も英語の本を翻訳している最中に、パソコンがクラッシュして原稿がお釈迦になったことがあります。

今思い出してもゾッとする恐怖体験ですから、諸橋先生のお気持ちが少しはわかるつもりなのです。

そんな楽屋話を通じて著者に親近感が湧くと、その本を読むモチベーションが一気に高まりますから、「おわりに」から読み始めるというのも1つの手なのです。

ところで「おわりに」で、「ウイーンのホテルの一室にて」「私はこれをフィレンツェに向かうトランジットの時間に書いている」などと記されていることがあります。

なんだか鼻につきますが、1冊の本を書き上げた労力に敬意を表し、温かい気持ちで受け入れてあげるのが、大人の態度というものでしょう。

Point

「おわりに」で親近感が湧いたら読んでみよう

17

「要約」を参考に選ぶ

忙しい合間に本の内容をコンパクトに把握したい。そんなニーズに応えるように、〝本の要約サイト〟が進化しています。

たとえば、『フライヤー』という要約サイトは、「10分で読める」を売りにビジネス書や教養書を紹介しています。

経営コンサルタントやライターなどによる要約は、実際のところ3分くらいで読めるものも多いですが、複数回のチェックを通すことで品質を担保しているそうです。

こうした要約サイトは、通勤や休憩といったスキマ時間に、スマホやタブレットでチェックし、商談や会議での話題づくりに活かしたいビジネスパーソンのニー

参考にしたい要約サイト

「フライヤー」
1冊10分で読めるビジネス書の要約サイト
www.flierinc.com

「美女読書」
ライターがビジネス書を要約するサイト
bijodoku.com

「BOOK-SMART」
ビジネスパーソンがビジネス書を要約するサイト
book-smart.jp

「bizpow」
話題のビジネス書が3分で読める要約サイト
bizpow.bizocean.jp/category/review

「ブクペ」
本の要点・まとめから読みたい本を探せるサイト
bukupe.com/

ズが高いようです。
気に入った本があれば、ネット書店から注文できる仕組みになっていますから、要約を読んで興味をそそられたら、そのまま購入できます。

このような要約サイトは便利ですが、注意しておきたいことがあります。
まずは要約を読んだだけで「わかったつもり」にならないこと。「要約を読む」と「1冊読み切る」は別物です。実際に1冊を読み切ると、違った印象を受けることもありますし、本筋とは無関係のところで感動することもあります。

また、要約に頼り切るあまり、自分自身の〝要約スキル〟が衰えたら元も子もありません。

私は大学の授業で「読んだ本を1分でプレゼンしなさい」と課題を与えることがあります。
日ごろから要約力をつけておけば、社会に出てから必ず役立つのを知っているからです。

要約サイトをきっかけに購入した本は、要約のコツを学ぶようなつもりで参考にしてほしいです。

「なるほど、こうやって説明すればわかりやすくなるんだな」

「こういう見せ方は会議でも使えそう」

このように自分だったらどう要約するかを考えながら本を読むと、さらなるスキルアップにつながります。

あえて自分が読了した本の要約を読んでみて、プロがどこを端折ったのか、どこを拾ってまとめたのかをチェックしてみるのもよいでしょう。

Point

要約サイトの「要約力」を活用しよう

読書にまつわるQ&A

Q

直近1か月間で本を購入した金額は？

A

2000円以下が半数以上

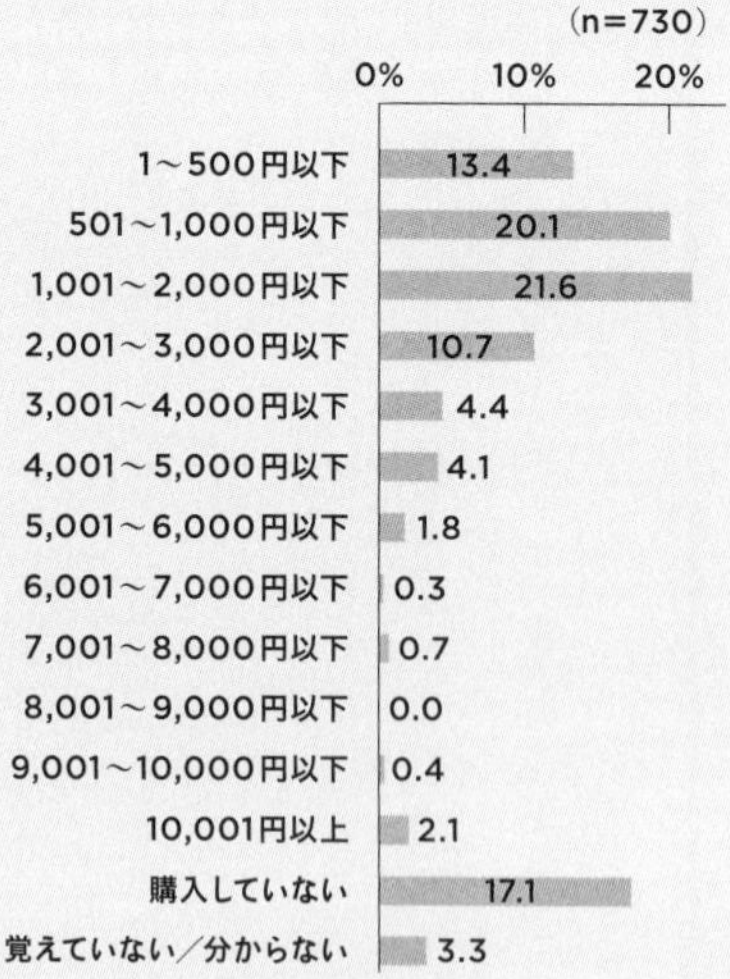

出典：楽天インサイト

※楽天インサイトに登録しているモニター（約230万人）のなかから、全国の20代～60代の男女1000人を対象にした調査で、書籍（紙の書籍、電子書籍など）の形態を問わずに回答しています。

第3章

頭に入れるのは
3割でいい

18

本を買ったらカフェに飛び込もう

読書する気持ちが最も高まっているのは、本を買ったその日です。「読みたい」という気持ちがあるから本を買ったわけで、当然といえば当然のことですね。「いつか読もう」と思った時点で、旬を逃してしまいます。私の場合、置きっ放しの本を急に読みたくなるなんてことは、まずありません。

本は買ったその日が勝負なのです。

もちろん、本を買っても、忙しくてほとんど読めないこともあるでしょう。そんなときは、**1冊10分で内容をざっとチェックしておきます。そうしておくと、後で読み直すときにページが進みやすくなるからです。**

どんなに忙しくても、10分くらいなら捻出できるはず。会社や学校の帰りの電車でもいいですし、近ごろはカフェ併設の書店も増えたことですし、できたら本を買ったその足で近くのカフェに入ります。

107ページで改めて触れますが、ドリンクを買って席についたら、すぐに本を取り出し、パラパラとめくりながら大まかな内容をつかむのです。

鮮魚を買ったとして、そのまま放置したら腐ってしまいますが、新鮮なうちに内臓を処理し、三枚に下ろして干しておけば、後でおいしく食べられます。

本も魚と同じように、新鮮なうちにさばいておくといいのです。ざっと内容をチェックしておけば、曲がりなりにも読み切った感覚を得られます。

気になった箇所に、ざっと線を引いておくのもポイントです。本の途中や後半のページに線を引くと、〝読んだ感〟が高まります。

チェーン店「ドトール」のブレンドコーヒー・Sサイズなら220円（税込）、「スターバックス」でもドリップコーヒー・ショートサイズが300円くらい（同）ですから、かなりコストパフォーマンスに優れた自己投資といえます。

Point

本を買ったらすぐに10分でさばいておこう

19

3章あたりから読む

「本は最初から読むもの」という思い込みは、読書をつまらなくさせる一因です。もっと言うと、全体の構成（目次）が、やや魅力に欠けているケースも多々ありますから、最初から順番に読まないほうがいい本もあります。

たとえば、「肩こり解消法」がテーマなのに、第1章で「なぜ肩こりが起きるのか」という理屈を長々と展開するようなケース。読者が求めているのは、第3章の「肩こり解消ストレッチ」のはずなのに、前置きが長すぎるのです。

私は本をひと通り書いた後で、編集者に「1、2章と3、4章を入れ替えましょう」などと提案することがあります。「一番言いたい内容を冒頭に持ってくる」という意図からです。

その後は「読んでもらえたら御の字」くらいに考えています。〝出オチ〟で結構じゃありませんか。

多くの本は、もったいぶって大事なところを出し惜しみしがちです。それが読書をつまらなくしてしまう一因でもあるのです。

エッセイや論文集などは、別の時期に書かれた文章を集めて編集していることもあります。

執筆の時系列で配列されている場合、著者の最新の知見を知りたいなら、ラストから読むのが近道です。

いっそ「本を最初から読まない」と決めてしまってもいいくらいです。もう、どこから読んでもいいと思えば、肩の力が抜けて、より読書が楽しくなります。

私の感覚では「3章」くらいから読み始めると読みやすいケースが多いです。

ストーリー仕立てになっている小説でさえ、本を最初のページから読む必要はありません（28ページ参照）。

1冊の本が懐石弁当だとしたら、好きな品から食べていくイメージです。いちいち食べる順番を指図されたら、味気なくなるので拒否するのです。

場合によっては、「おわりに」や「最終章」から「はじめに」「第1章」へとさかのぼる〝逆さ読み〟も有効です。

実際、さかのぼったほうが理解しやすい本もたくさんあります。

Point

本は最初から順番に読まなくていい

20

3つのベストを探す

誰かに伝えることを意識しながら本を読むと、内容が自然と頭に入りやすくなります。

アウトプット（伝える）を意識して、インプット（読む）するといいのです。

誰かに伝えるという目的から逆算すると、大事なところをつかもうという感覚が敏感になりますし、より集中して本に向き合えるようにもなります。

そのためには、「最初から最後まで均等に読まなければいけない」という思い込みを捨てましょう。誰かに伝えるために「重要な情報だけゲットする」という意識を働かせます。

私もそうですが、頭に残るのは3割もあれば上出来です。そういう意識で読めば気楽ですし、気楽なほうが頭に入りやすくもなります。

誰かに伝えるには、読んだ後に「よかったところを3つ言えるようにしておく」と便利です。「どこがどう面白かったか」を3つ言えるようにしておくのです。

「たとえが絶妙なんだよ。たとえば〜」
「人生の深いところをえぐる表現があるんだよ。たとえば〜」
「料理の描写が美味しそうなんだよ。たとえば〜」

カメラの三脚をイメージしてください。3つの脚はある程度の間隔をとると安定します。

本の前半で1つ、中盤で1つ、後半で1つ、という具合にある程度の間隔をとって3つのポイントをつかむと、1冊をバランスよく語ることができます。

3つ言えれば、本全体について語ることができます。

3つのポイントを聞いた人は、その本を読むべきか判断できるのです。

Point

3つのポイントで本の内容を伝えてみよう

21 30分1冊勝負

私は「1冊を30分で読み切る」と決めて読むことがあります。比較的薄めの本なら、1冊30分もあれば十分に読めます。

〝30分1冊勝負〟は、書面にサーチライトを当てるようにページ全体に目を流して、引っかかったところだけを読むという感覚です。

1冊読み切れない原因の1つに「本を読む時間を（無意識に）無制限に設定している」ということがあります。

時間無制限で「いつ読んでもいいや」と思っていると、いつまでたっても本を手にとらなくなりがちです。逆にいうと、時間制限を設ければ「集中して読もう」

という意識が高まりやすい。

私が30分1冊勝負を始めたのは、こんなきっかけがありました。

２００４年1月のことです。ある出版社から大学の研究室に電話取材の依頼をいただきました。

第１３０回芥川賞の受賞が決まったばかりの『蛇にピアス』（金原ひとみ、集英社）と『蹴りたい背中』（綿矢りさ、河出書房新社）の2作品について、感想を聞きたいというのです。

あいにく、私は2作とも読んでいませんでした。かといって、断るのも芸がない。そう思い、とっさに機転を利かせて、電話口でこう答えたのです。

「ごめんなさい。今ちょっと手が離せないので、1時間後にもう一度電話をいただけますか？」

幸いにも大学の構内には書店があります。小走りで書店に向かい2冊を購入。すぐに研究室に戻ってきて、それぞれ30分で読了。その直後に記者からかかってきた電話で、平然とコメントしたのです。

『蹴りたい背中』は140ページ程度、『蛇にピアス』は120ページ程度と、いずれもページ数が少なめの本だったことも手伝いましたが、それにしても1冊30分で読んでコメントするなんて、やっつけ仕事のように思われるかもしれません。

しかし、たとえ数時間かけて念入りに読み込んだとしても、おそらく同じコメントになっただろうと思います。

初対面の人でも、30分も話せばだいたい人となりがわかります。30分で直感的に読み取った基礎的な印象というのは、時間をかけても変わらないのです。

Point

時間制限を設けて集中しよう

22

ときめくページを読む

「30分1冊勝負」の読み方について、もっと具体的に説明しましょう。

あくまでもひと通り、すべてのページに目を通すのが基本です。

1ページずつ目を通すけれど、均等にまんべんなく読むのではなく、メリハリをつけて読むようにします。

ページをめくりながら、自分にとって「ご縁」がなさそうなページは3秒くらいでサッと失礼。心が動いて「ご縁」がありそうなページは、ペースをグッと落として、30秒くらい味わうようにします。

「ご縁」などというと、ちょっとスピリチュアルな印象を持たれるかもしれませんが、自分の感覚を研ぎ澄ませて、直感的に判断するということです。

ページをめくったときに感じる「ご縁」は「ときめき」とも言えます。**読書に**

は、ときめくような感覚を意識することも大切なのです。

2010年刊『人生がときめく片づけの魔法』（近藤麻理恵、サンマーク出版）は、国内外で大ベストセラーになりました。

この本では、モノを捨てるかどうかを「ときめく」か「ときめかない」かという基準で判断することを提唱していますが、これは読書にも通じると思うのです。

ページをめくってときめいたら、ご縁があると思ってゆっくり読む。ときめかなかったら、ご縁がないと思ってサッと失礼する。そういうふうに自分の直感を頼りに、メリハリをつけて読むのです。

私たちは、ただ知識を求めて本を読むわけではありません。内心では「おー、すごい」「そうそう、その通り」「そんなことだったのか！」といった知的興奮を求めているものです。

知的欲求という感覚をもとに、ときめくページを探せば、1冊を読み切るときのメリハリがつくようになります。

Point

直感的な「ときめき」を感じながら読もう

23

"餅つき"をイメージする

私は職業柄、古典から最近のベストセラーまで、かなりの本を読んでいます。

そんな私でも、びっしりと小さな文字が詰まっている古典や専門書を読むときには、時に吐き気がしてくるような感覚を得ることもあります（笑）。

どんな名著でも、どんなにいいことが書いてある本でも、文字がぎっしり詰まっていると、読書家といえども息苦しくなることがあるのです。

ページをめくるテンポも遅くなるので「もう、なんだかなー」なんて気だるくなってしまうこともあります。

静的なイメージの強い読書ですが、意外にも大事なのは、動的なリズム感です。〝餅つきのリズム〟をイメージしながらページをめくるといいのです。

餅つきは「よいしょ！　よいしょ！」と小気味いいリズムで餅をついていきますね。臼《うす》の横にしゃがんだ返し手が、そのリズムに合わせるように「はい！　はい！」と手に水をつけながら餅を折り返します。

テンポのいい餅つきのように「そうそう！」「それで？」「なるほど！」などと、ページに羽が生えたようなリズムで読み進めていくイメージです。

ページをめくるリズムに快感を味わうことが、1冊読み切る推進力を生み出してくれます。

Point

リズムよくページをめくろう

24 打率3割で上出来

せっかく読み始めたのに途中で飽きたり嫌になったりしても、落胆することはありません。ごく自然なことだからです。

私だって物理学の難解な専門書を読めと言われたら、きっとページが進まなくなり、途中で挫折するはずです。

30ページくらい読んでみて、その先のページをめくってみても「面白くない」、次のページに移っても「面白くない」。こうなると読み続けるのはもう苦行です。

そんなときは、たまたま、その本を読むタイミングではなかっただけかもしれません。

その本を読みこなすだけの知識がなかったり、そもそも本としての魅力に欠けていたりと、理由はいろいろですが、時を経てから読んでみるとスラスラ読めることもあります。

30ページ読んでもその本に魅力を感じなかったら、そのときは潔くあきらめましょう。すかさず別の本に切り替えればいいのです。

そのためには「読みたい本」を10冊くらいスマホなどにメモして、リストアップしておくといいでしょう。

10冊のうち3冊しか読み切れなかったとしても、それはそれでよしとします。「せっかく買ったのに読み切らないのはもったいない」という考えは捨ててください。失敗しても自分の好きな本を選ぶ〝感度〟を高められますから、無駄ではないのです。

本書を参考にして興味のある本を買ったつもりでも、全部が全部予想通りとは限りません。

むしろ「この本は本当に面白かった！」とハマる本に出会える確率のほうが低いくらいに思ってください。

10冊中3冊読めたら打率3割。プロ野球でもリーグ打率トップ10に入るくらいのレベルですから、自信を持っていいです。

全国大学生活協同組合連合会の調査によると、1か月に1冊も本を読まない大学生が半数以上いるのですから、月3冊も読んだら、もう立派な読書家です。

Point

「打率3割」で立派な読書人になろう

読書にまつわるQ&A

Q

普段読む本のジャンルは？

A

4割以上が「小説」

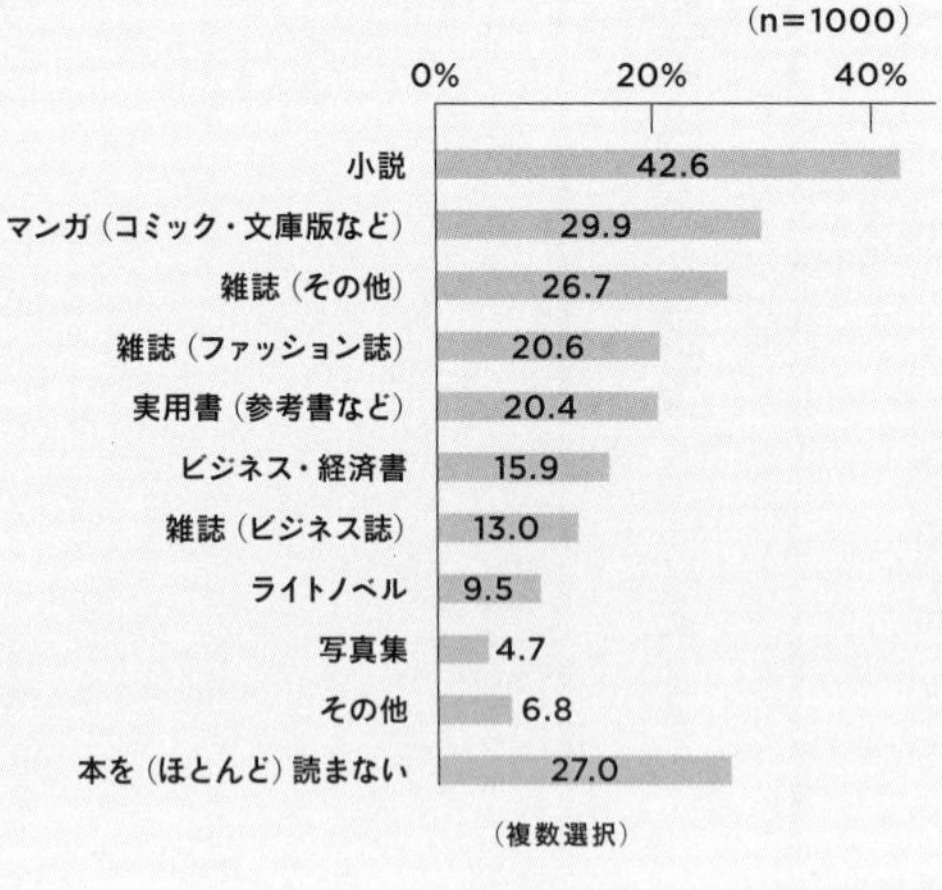

出典：楽天インサイト

第4章

3分の細切れの時間で1冊読める

25

3分あれば読書できる

突然ですが、あなたの1日の時間の使い方をできるだけ細かく振り返ってみてください。よくよく考えてみると、思った以上に細切れのスキマ時間がたくさん発生していることに気がつきませんか？

たとえば、通勤・通学の電車が到着するのを待っている間、誰かと待ち合わせしている間、お昼にお店で料理を注文してから運ばれるまでの間など、ほかにもたくさんあります。

スキマ時間が3分もあれば、本をかなり読み進められます。

あらためて「3分」という時間を体感してみてください。スマホのストップウォッチ機能などを使って実際に測ってみると、結構長く感じられます。

私の場合、3分といわず1分もあれば、すかさず本を開くことさえあります。

さすがにスーパーのレジ待ちのときに本を開いたら「ヘンな人だな」なんて思われそうなので自重していますが、ほんの1分でも読書を楽しめるのは私の経験からしても確かなことです。まさに「塵も積もれば山となる」です。

多くの人は、スキマ時間にスマホをいじっていることでしょう。

スマホはインターネットを通じて多くの情報を得られる便利なツールであることは百も承知です。近ごろはカバンを持たずに、スマホ1つで仕事をこなしている人もいると聞きます。

しかし、スマホは延々と私たちの時間を吸い取る〝時間吸い取り機〟のような一面もあります。

気分転換に活用するならまだしも、ゲームやSNSで延々と時間を浪費していると、あっという間に時間は過ぎ去ってしまうことは、あなたも経験からよくわかっていると思います。

とにかく、空いた時間をすべてスマホに与えていたら、読書の入る余地がなくなります。スマホをいじるなとはいいませんが、**読書とスマホの使い分けをしてください。**

たとえば「駅構内に入って目的地に着くまでは読書の時間」など、自分なりにルール化しておくのです。スマホに時間をあてるなら「テレビを観ながら」など、読書に不向きな時間にするといいでしょう（もっとも私はテレビを聴きながら読書しますけれど）。

もちろん、スキマ時間にスマホを取り出して電子書籍や関連サイトを読むというのは、結構なことだと思います。

Point

スキマ時間にちょこちょこ読み進めよう

26

外出するときは本を持つ

私は突然、大学の教え子たちに「本を1冊出して隣の人に紹介してみてください」と言うことがあります。

すると「えっ!? 今は持ってませんけど」と言う学生がいます。そういう学生には、こう諭します。

「いいですか。学生にとっての本というのは、武士にとっての刀と一緒ですよ。『すみません、刀忘れちゃいました』なんて武士はいませんよね? 武士が丸腰で外を歩いたら、斬られても文句は言えませんよ」

こんなふうに言うと、学生たちは真面目で素直なので、次の日からちゃんと本を携行するようになります。

また、英米文学を専攻する学生には、こうもアドバイスします。

「電車では英語の本を読みなさい。まだ読んでいない本でも、真ん中くらいのページから開いて、読み込んでいる雰囲気を出しなさい。見る人が見れば『若いのに英語の原書を読んでいるなんてすごいな』と感心するはずです。御茶ノ水の駅で降りたら『きっと明治大学の学生だな』となって、大学のブランドイメージ向上にもつながりますよ」


いずれにしても本を持たずに外出したら、降水確率100%の日に傘を忘れたような痛恨事と受け止めるようにしましょう。


せっかくスキマ時間を見つけても、そのときに本がなければ読めないのです。

ある小学生は、学校や塾が忙しくて通学の電車ぐらいでしか読書ができないそうです。それでもランドセルに本を常備して、2日に1冊は読んでおり、近ごろでは両親がわが子と議論してもまったくかなわなくなったそうなのです。

大人の読書の励みになりそうな話ですよね。

Point

外出時に本だけは忘れないようにしよう

27

週1冊で成功体験を積む

スキマ時間を有効活用するには、「今週の1冊」を決めておくのも1つの手です。今週の1冊を1週間持ち歩き、スキマ時間にページをめくって、塵も積もれば山となる方式で読破を目指すのです。
ゲーム感覚でトライしてみるといいでしょう。

スタートは日曜日の夜です。

日曜の夜はリラックスしつつも、「明日からまた仕事だな」という気だるさも混じった時間帯でしょう。
あえてそのタイミングで1冊を選び、夜のうちにちょっとでも読んでおくといいのです。

そうすると、翌日の月曜から軌道に乗りやすくなります。朝の通勤・通学電車でも、自然と続きを読もうという気になりやすいです。

日曜ではなく月曜からスタートすると、もう仕事モードになっていますから、なにかと慌ただしくなりがちなので本を選ぶのも億劫になります。読み始めの勢いも出なくなりやすいです。

もし読み始めた1冊が30ページまで読んでもつまらなかったら（93ページ参照）、こだわらずに途中で強制終了してもいいです。「せっかく読み始めたんだから読破しなくちゃ」と嫌々読み続ける必要はありません。

つまらなかったら、すぐに別の1冊にチェンジします。そして、首尾よく読書がのってきたらこっちのもの。電車内はもちろん、昼休み、休憩時間も、続きを読まずにはいられなくなります。

事前の設定通り、その本とのつき合いは1週間で終了にします。読み切る訓練ですから、とりあえず期間厳守です。

とはいえ、まさかその時点で「読み切れなかった」という事態は起きないはず。途中でペースが落ちていたら、後半の金曜や土曜に飛ばし読みをすればいいのですから。

飛ばし読みしてでも、最後まで到達することが肝心です。1週間でお別れするとわかっていたら、最終日にはとりあえず最後のページを読むのです。

まずは、曲がりなりにも「読み切った！」という成功体験を体に覚え込ませましょう。

> Point
>
> **1週間の期間限定でとにかく読み切る体験をしよう**

28
10分あったらカフェに行く

自宅で読もうとしても、なかなか集中できない。これは読書に慣れていない人に、よくあるパターンです。

読書には適度な緊張感があったほうがいいです。その点、自宅ではリラックスし過ぎてしまい、スマホやテレビの誘惑に負けてしまいがちなのです。

読書する場所のおすすめは、電車での移動中やカフェです。多少の雑音や人影があったほうが、むしろ読書に集中しやすくなります。

77ページでもお話ししましたが、コーヒー代はコスパ抜群の自己投資です。1杯200円とか300円程度で、読書のための空間と時間が買えるのです。

私は待ち合わせなどで10分くらい時間が空くと、すぐ最寄りのカフェに入ります。1分とか3分のスキマ時間でさえ本を読むくらいですから、10分もあれば落ち着いて本を読めます。

10分も時間がないようなときは、待ち合わせた場所で本を開いたり、歩道脇のベンチに腰掛けて本を開くこともあります。

ちょっとしたスキマ時間ですから、それで十分なのです。

カフェに入ったら注文は一択、「ブレンドのSサイズ」です。読書が目的であり、飲み物を楽しむのは二の次ですから、迷わず一番安価なものをオーダーします。

モカとかラテみたいなドリンクは、デートをするカップルが楽しめばいいのです（笑）。

なにしろ貴重な10分です。のんびりお茶している場合ではありません。ましてやスマホを取り出したら、もうおしまいです。

席に着くやいなや、本を手にして読み始めます（スマホやタブレットで電子書籍を読むこともあります）。

10分たっぷり明治の文豪、夏目漱石の言葉を拝聴する。その10分が1日でいちばん色濃く、充実した時間のようにも思えてきます。

そんな至福の時を過ごしていて、待ち合わせた相手から「すみません、少し遅れます」なんて連絡が入ると、ちょっと嬉しくもなります。「カフェでお茶してるので、焦らずゆっくり来てくださいね」と、至福の時が続く喜びをかみしめます。

このような限られた時間で本を読むのは、締め切り前の原稿書きと似て、がぜん集中できます。

Point

電車やカフェで集中して読もう

29

音楽でスイッチを入れる

スキマ時間の読書モードにスイッチを入れてくれるのが、音楽です。本と音楽の相性は抜群なのです。

音楽を聴きながら本を読むのは、私にとって至福の時です。そこがカフェだったりすれば、もう最高。本とコーヒーと音楽、なんと豊かで文化的な取り合わせでしょうか。考えるだけでも幸せな気分になります。

私はソニーの携帯音楽プレーヤー「ウォークマン」を常に携行していて、いつでも音楽を聴けるようにしています。

スマホではなく、なぜウォークマンかというと、「音楽を持ち歩く」というコンセプトを実現したソニー創業者・盛田昭夫さんと井深大《まさる》さんをリスペクトしているからです。

私が愛用するウォークマンには、わざわざCD数百枚からダウンロードした数千曲が入っています。

馴染みの薄い曲からヘビーローテーションの曲まで、その日の気分に合わせて選び、読書しながら流れてくる音楽を楽しんでいます。

あくまでもメインは読書で、音楽はサブの位置づけです。音楽は聴いているけれど、意識は読書に向けます。

すると、本を読んだときの喜怒哀楽に音楽が色を与えてくれます。本に相応しい情緒を音楽が醸し出してくれるのです。

「音楽は時間の芸術」とも言われますが、いったん再生すると常に進んでいきます。これに文章を追う目線がけん引されます。

音楽が思考に推進力とリズムを与えてくれます。要するに**音楽を聴くと読書が進むということです。**

音楽と本の種類には相性があります。

イタリアの絵画集とビバルディのクラシック、スペイン文学とフラメンコギター、変わったところではドストエフスキーと藤圭子（宇多田ヒカルさんのお母様ですね）の演歌というのも、実に重々しい作品同士でしっくりきます。

音楽を聴けない環境の場合、私は周囲の人の話し声をBGMにしてしまいます。適度なざわつきが絶妙なリズムとなって、本に集中しやすくなるのです。

Point

音楽の力を借りて読書モードへ自分をいざなおう

30 書店で待ち合わせてネタ探し

私は書店で人と待ち合わせることがあります。待ち合わせた時刻までの限られた時間で、本を探すためです。

書店で本を探すとき、たいていは何冊かを手に取り、パラパラめくってよしあしを見極めようとします。

タイトルや著者、カバー（表紙）の面構《つらがま》えなどに着目して本を手に取り、目次などにざっと目を通します。

慣れてくると、買わなかった本についても、おおよそのテイストをつかめるようになります。すると、「こんなことが書いてあった」と、待ち合わせた人とのちょっとした雑談のネタにもなるのです。

待ち合わせた時刻よりちょっと早めに到着するようにして、「時間内に買う本を1冊は決める」というルールを作ります。

身銭を切ろうとするからこそ真剣度が増すというもの。より内容を理解し、より面白い本を選ぼうとする意識が働きます。

待ち合わせた相手が到着したら、そこで終了。選んだ本を持ってレジへ向かいます。そして、待ち合わせた相手に、さっそく本の話題をふってみるのです。

私は、読書についての講演をするとき、こんな話をすることがあります。

「みなさん、天気の挨拶などは、ほどほどにしましょう。誰でも暑いとか寒いとかは、わかりきっています。それより第一声を本の話題にすれば知的ですし、読書の文化も広まっていきますよ」

待ち合わせた相手には、こんなふうに話をふってみましょう。

「店内を見ていたら、こんな面白そうな本があってさ」

「ちょっと興味を引かれた本に、こんなことが書いてあってね」

格好のアイスブレイクになること請け合いです。

Point

書店で待ち合わせて読書力を培おう

31 図解本の図解だけ読む

読書は「文章を読むもの」ではありますが、それだけとは限りません。文章を読むのが苦手な人は、イラストや絵解きが中心の「図解本」から慣らしていくという手もあります。

図解本は、その名の通り、図解きを多用して文章の説明を補っている本です。多くの場合、見開き2ページ（文章＋図解）のフォーマットで作られています。難しい内容をわかりやすく、テンポよく解説してくれるのが特長で、出版界が生み出した大発明と言っても過言ではないでしょう。

特定のテーマについて知りたいと思ったとき、その分野の図解本を探してみるのも一手です。

図解本は相当な分野をカバーしており、アマゾンで「図解」をキーワードに本を検索してみると1万冊以上がヒットします。
心理学、哲学、歴史、科学、宗教……面白いところでは『図解 日本酒入門』（山本洋子、世界文化社）という図解本もあります。

項目ごとに見開き単位で読み切れるものが多いので、スキマ時間の読書にも適しています。
「文章→図解」の順に読むのが基本ではありますが、文章を要約したものが図解ですから、見出しと図解だけに目を通すだけでも、おおよそのことがつかめます。

まずは図解を眺めるだけ。もう少しフォローしておきたかったら文章も読んでみる、という感じで十分です。

パラパラと読める本としては「図鑑」もおすすめです。動物や植物、宇宙などさまざまな分野の図鑑があり、どれも眺めているだけで楽しくなります。

「おー、こんな生き物がいるのか」と感心するだけでも、知的好奇心が満たされます。子どもと一緒に楽しめるのもいいところです。

「講談社の動く図鑑ＭＯＶＥ」シリーズはＤＶＤ付きで、最新の知識が得られます。宇宙の巻には、ダークマター（暗黒物質）の説明まであって、大人も知的に楽しめます。

図鑑を本棚に置いておき、気が向いたときにページをめくるというのも、息抜きになりますし、豊かな時間の過ごし方になると思います。

Point

ビジュアルを眺めておおよそのことをつかもう

32 スマホで電子書籍を「めくり読み」

ちょっとしたスキマ時間に本を読めるという意味で、電子書籍は相当便利です。Ｋｉｎｄｌｅなどの専用タブレット、アプリをダウンロードしたスマホやｉＰａｄを持ち歩けば、いつでもどこでも電子書籍を楽しむことができます。

私はアマゾンの読み放題サービス「Kindle Unlimited」を利用しています。

近ごろでは、本をたくさん読む人ほど電子書籍を読む傾向がみられるようになってきました。慣れると、紙の本と同じくらいの読みやすさがあるからです。

電子書籍の場合、どんどん指を動かしてスワイプしながら「めくり読み」ができますから、紙の本よりもハイペースで流し読みができるのも大きな魅力です。もはや、紙の本より電子書籍のほうが読みやすいという人もいます。

これまでは本は紙で読むのが常識でしたが、デバイスの進化とともに、電子書籍で読むのが常識という時代へとシフトしていくかもしれません。

私の場合、「夏目漱石が『坊っちゃん』で〇〇という文章を書いていたような気がするんだけど……」と思い浮かんだのが外出先でも、スマホやタブレットで単語から検索できるので、とても便利に利用しています。

電子書籍はクラウド上にデータとして保存されますから、スペースを気にせず大量の本を所有できるのも大きなメリットです。

また、同じアカウントならどの端末でも閲覧できるのも便利です。

何度か登場している「青空文庫」でも、スマホやタブレットに対応するブラウザーやアプリが用意されていますから、まずは無料で電子書籍の世界に入ってみるのもいいでしょう。

「芥川龍之介でも読んでみようか。『杜子春』って読んだことがあるような気もするけど、どんな話だったっけ？」

無料ですから、そんな軽いノリで試し読みできます。

「青空文庫」を呼び水に、次章で紹介する「3色ボールペン」で書き込んでみたいから紙の本を買ってみようというのもいいですし、電子書籍の読み放題サービスを利用してみようというのもいいですね。

Point

興味のある本を片っ端から検索してみよう

読書にまつわるQ&A

Q

本を読むのは「紙」それとも「電子」？

A

7割以上が「紙」書籍、両方で読む人も2割以上

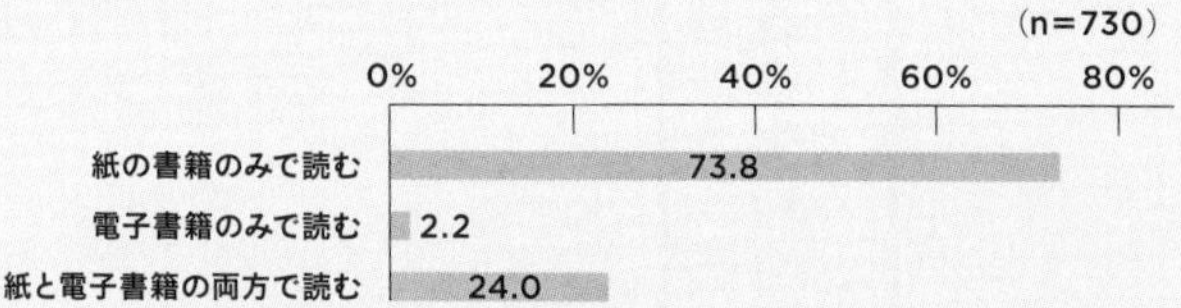

出典：楽天インサイト

第5章

3色ボールペンを使おう

33
本に直接書き込む

かつて私は読んだ本の要約や引用を「読書ノート」に書き込んでいました。それを自分なりにブラッシュアップして、本自体を読書ノートにしてしまう方法を編み出しました。

そのために使うのが「3色ボールペン」。赤、青、緑の3色を使って、本に線を引いたり丸をつけたりしていくのです。

本に1色で線を引くのは、すでにやっている人もいるかもしれませんが、3色を使い分けるところがミソです。ほどよい脳トレにもなります。

この3色ボールペン方式は、相撲の四股やかけ算の九九のような〝基本の型〟です。何度繰り返しても効果があり、線を引いた回数は決して裏切りません。

本はどんどん書き込みをして、〝自分色〟に染めていきましょう。

私が3色ボールペンを使い始めたきっかけは、大学受験でした。参考書に3色の線を引きながら受験勉強をしていたのですが、読書に応用してみようと思い立ったのです。

本を読んだときに感じたことを3色で色分けして書き込んでおくと、後で読み返したときに、ポイントを手っ取り早くつかめます。

しかし、「本に書き込む」ということに、抵抗感を抱く人は多いです。

そういう人は、「汚すのが嫌」という心理が働いている可能性があります。子どもに泥遊びをさせて服を汚したくない、電車のつり革を素手でつかみたくない……そんな心理の延長線上に「本を汚したくない」という抵抗感があるようにも思えます。

もう1つに「恥ずかしい」という心理が働いている可能性もあります。

線を引いた箇所を誰かに見られて「こんなところに線を引くなんて、ずいぶん浅い読み方をしている「ね」なんて思われることを恐れている。つまり、自分の読解力に自信がないから、線を引きたくないという心理です。

古書を手にすると、前に読んだ人の書き込みが残ったままの状態であることがあります。すると「こういうところに線を引いたり、コメントを書き込んだりしているんだな」と、会ったこともない読者に思いを馳せる瞬間があったりします。

線を引く行為は、たしかにちょっとした勇気が要りますが、線を引くことで、初めて自分の思考を意識できるというメリットがあります。

別に誰から見られてもどうってことはありません。思い切って大胆に線を引くべきです。一歩を踏み出せば、線を書き込むことにすぐ慣れます。

学生に多いのですが、**「読んだ後、古書店に売れなくなる」という考えは捨ててください。**売っても大した金額にならないのは、もうわかっているはず。

本との一期一会に感謝し、長くつき合ってほしいものです。

線を引くことで初めて
自分の思考を意識できる！

Point

本はどんどん汚して〝自分色〟に染めよう

34

赤・青・緑を使い分けて書き込む

3色ボールペンの使い方について、具体的に説明していきましょう。

まずは**赤（客観的に最重要な部分）**です。

赤といえば、誰もが重要な部分だと認識しやすい色ですから、本を読んでいて「これは最重要」と思うところに赤い線を引きます。

客観的に見て最重要と思える箇所、後から赤の部分だけ読めば文章の主旨が伝わるという箇所に引きます。**むやみに引かず、絞り込むのがコツです。**

次に**青（客観的に重要な部分）**です。

「まあ大事」と思うところに引きます。後から読んで、青の部分だけ読むと、粗筋や要約になるようなイメージで引きます。**たくさん引いてもかまいません。**

そして**緑（主観として大切な部分）**です。

「面白い」と感じたところに線を引きます。あくまでも自分の「主観」が基準です。自分の感覚を第一に、自分の好みでユニークだと感じたり、引っかかりを感じたりしたところに自由に引いていいです。

話の本筋とは無関係だけど面白いところ、他の人はスルーしそうなところに引くのがコツです。赤や青と重なってもかまいません。

緑を引く楽しさは「大事なところを見つける」という視点から離れるとわかります。

たとえば、明治時代の小説を読んでいて「当時は汽車で移動するのに、こんなに時間がかかっていたんだな」と本筋とは関係のないところに面白味を感じたとします。とりあえず、そこを緑で線を引くのです。

後で人と話すときに、ちょっとしたウンチクとして披露できたりします。

Point

面白いと思った文章に緑の線を引いてみよう

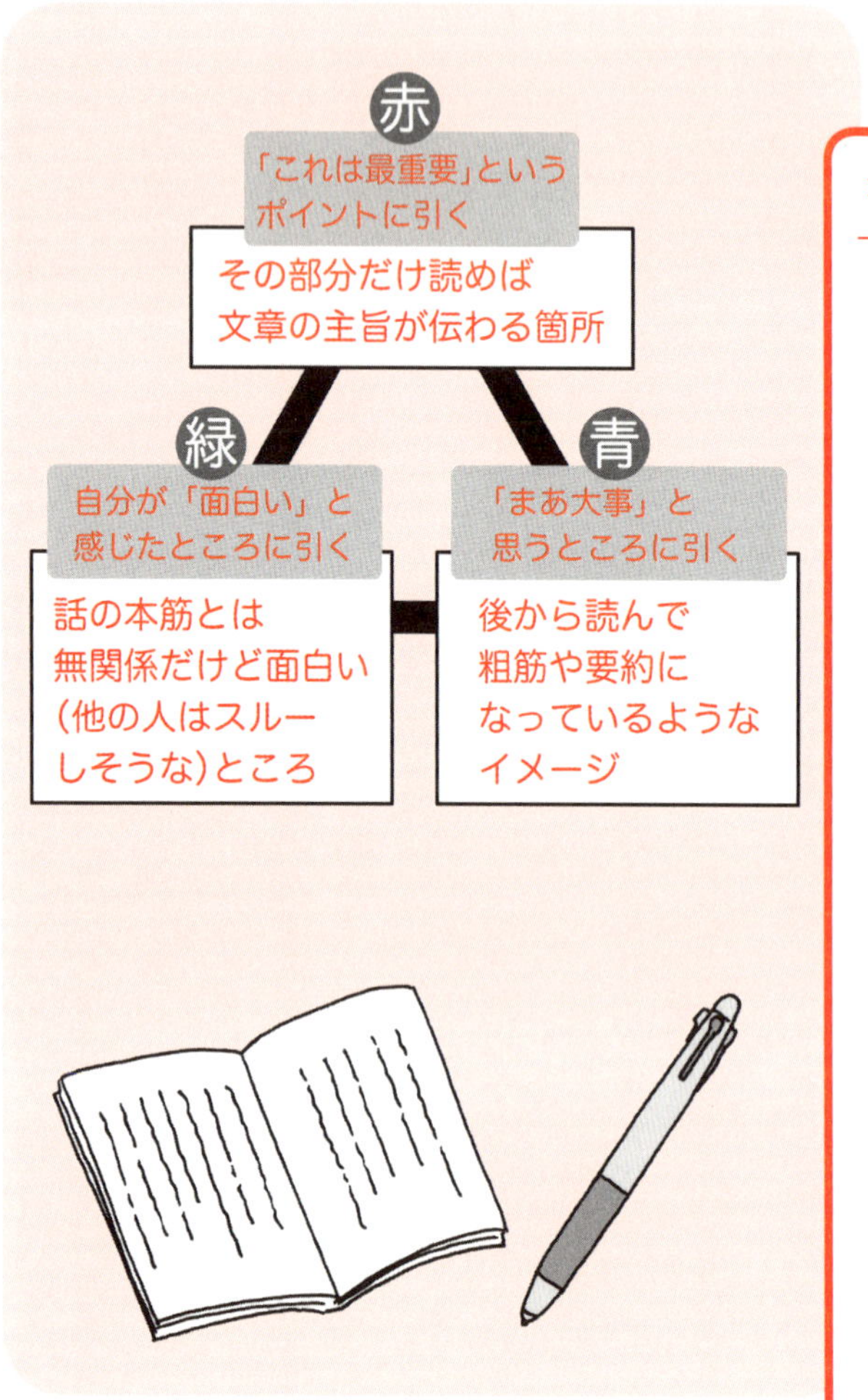

35 ボールを打ち返すように線を引く

3色ボールペンで線を引くときは、バッティングセンターでボールを打ち返すことをイメージしてみてください。

「ボールペンを持つ」ということは「バットを構える」のと同じことです。持った瞬間、臨戦態勢に入ります。

線を引かないのは、バットを振らないのと同じことですから、打席に立った意味がありません。バッティングセンターには、フォアボールやデッドボールなど受け身の選択肢はないのです。

いかにボールを打ち返すか（いかに線を引くか）だけ考えてください。思い切ってバットを振る（思い切って線を引く）のみです。

著者が投げてくるボールに反応して打ち返す。そんなつもりで、どんどん線を引いていきましょう。

ときには空振りもするでしょう。でも、振り続けているうちに、だんだんと自信を持って芯をとらえた当たりを連発できるようになります。

ピッチングマシンが投げる球でさえ、打ちやすい球と打ちにくい球があるように、本にも線を引きやすい本と引きにくい本があります。それでも尻込みせず、積極的に線を引いていけばいいです。

「これは大事」と思える文章には何度も線を引いて、キーワードを丸でぐるぐる巻きにしてもいいです。とにかく、まずは積極的に書き込んでみましょう。

線を引き慣れてくるにつれ、線を引けそうなところを待ちながら読む意識が生まれてきます。

待っているところに、おあつらえ向きの文章が出てくると「キター!」「待ってました!」などとテンションが高まったりもします。

筆圧も高めに線を引いた瞬間、まるで著者と心が通い合えたような感覚にもなれるのです。

慣れてくると自然と集中力が高まります。あとは、投げ込まれてくる1つひとつの文章を打ち返すだけです。

ドストエフスキーのような文豪の作品は、無駄な文章など1つもないので、どこに何色の線を引いても間違いなどありません。

Point

積極的にどんどん線を引いてみよう

36

慣れないうちは緑中心でOK

3色を使い分けるといっても、どうか堅苦しく考えないでください。

赤、青、緑を厳密に区別する必要はありません。肩の力を抜いてリラックス。テキトーでいいです。

まずは大まかに**「赤と青は客観」「緑は主観」**という感覚を身につけていきましょう。

慣れないうちは、自分の感覚で自由に引ける緑を中心にしてみてもいいです。

緑の線を引くときは、自分の頭にある〝面白センサー〟を働かせるようなものですから、読書そのものが面白くなってくる効果もあります。

あまり深く考えなくていいので「面白い」と感じたら、どんどん緑の線を引いていきます（丸で囲ってもかまいません）。

できるだけ誰も引きそうもない文章に緑を引いてみようとすると気楽です。

話の本筋とまるで無関係でも大丈夫です。

他人が見たら「なんでこんなところに引いたの？」と思われそうなところに引くくらいでちょうどいいです。

あとで読み返してみたら「自分でもなにが面白かったかわからない」なんてこともあるかもしれません。それでも気にする必要などありません。

緑は〝独断と偏見万歳〟の線なのです。

小学生に3色ボールペンを実践してもらった後、「どこに緑を引いたか」を発表してもらうと、結構盛り上がります。

正解も不正解もなく、自分が面白いと思った箇所を披露し合うわけですから、お互いのユニークなセンスをワイワイガヤガヤとたたえ合うのです。

緑の線をきっかけに、読書の自由さを感じる人も多いです。

どこに引いても否定される理由などないのですから、自分ならではのセンスで、解放感を味わいながらどんどん引いていきましょう。

緑を引く楽しさは、赤と青を引く緊張感があってこそ引き立ちますから、緑に慣れてきたら、赤と青も使うようにするといいです。

Point

緑を引くときには自分を解放しよう

37 赤と青の使い分けを意識する

「主観」で引く緑に慣れてきたら、「客観」で引く赤と青にも慣れていきましょう。赤と青は「話の筋を押さえるための線」ですから、どこに引いたかで要約力が試されます。

とはいえ、あまり身構えないでください。繰り返していけば、確実に慣れてきます。

まずは基本となる青から。

「まあ大事」と思ったら、とりあえず青で線を引きましょう。多めに引いても気にせず、ちょっとでも大事だと思ったらどんどん引いていきます。

青を引きながら、〝読書のリズム〟を作っていきます。そして、「ここはすごく重要そうだな」という箇所がきたら、思い切って赤に切り替えて線を引きます。

赤は絞り込むのが原則ですから、増えすぎないように意識します。赤は限られているからこそ意味があるのです。

だからこそ赤を引くのは、ちょっとした勇気が要ると思います。

最初のうちは、あまり深く考えずに自分を信じて「えいやっ！」と、思い切って赤を引いてみましょう。

「ここは重要なポイントじゃないかも」「もっと重要なところが出てくるかもしれない」と躊躇していると、赤を引くチャンスを逃しますし、読書のリズムも崩れてしまいます。

もう一度読み直して赤を引くのはまどろっこしいので、一度で決め打ちする覚悟を持ってください。

私が授業でレクチャーするときには「青と緑は何回引いてもいいですが、赤は3か所までにしてください」と、練習のためにあえて限定することもあります。厳密に3つの文章だけというわけではなく、1回につき3つの文章にわたって線を引いて、それが3か所でも大丈夫です。

「リズムに乗ってとりあえず青を引いたけど、一呼吸置いて赤を引き直す」というのもアリです。赤は青の一部ですから、むしろ理にかなっています。

いずれにせよ、**青から赤に切り替えるときの「えいやっ！」という感覚が大事です。**赤を引くとき、一気に緊張と興奮が高まる。そうなったら、3色ボールペン方式の有段者レベルといえます。

Point

赤を引くときは思い切りいこう

38

実例で身につけよう

あれこれと説明してきましたが、3色の使い分けについて、まだピンとこない人がいるかもしれません。

ならば百聞は一見にしかず、実例を紹介しましょう。

題材は『走れメロス』（新潮文庫）、太宰治の短編小説です。

「たしか教科書で読んだと思うけれど、どんな話だったっけ？」という人のため、簡単にストーリーをおさらいしておきます。

【あらすじ】

牧人のメロスは街に出かけ、王が人間不信に陥り、無益な殺生を重ねているのを知る。義憤にかられたメロスは単身城に乗り込み、あえなく捕らえられる。3日だけ猶予をほしいと嘆願し、身代わりとして友人のセリヌンティウスを人質として差し出す。メロスが約束の時間までに戻らなければ、セリヌンティウスは殺されてしまう――。

＊　＊　＊

「フィロストラトスでございます。貴方のお友達セリヌンティウス様の弟子でございます」その若い石工も、メロスの後について走りながら叫んだ。「もう、駄目でございます。むだでございます。走るのは、やめて下さい。もう、あの方をお助けになることは出来ません」

「いや、まだ陽は沈まぬ」←青

「ちょうど今、あの方が死刑になるところです。ああ、あなたは遅かった。おうらみ申します。ほんの少し、もうちょっとでも、早かったなら！」

「いや、まだ陽は沈まぬ」メロスは胸の張り裂ける思いで、赤く大きい夕陽ばかりを見つめていた。走るより他は無い。

「やめて下さい。走るのは、やめて下さい。いまはご自分のお命が大事です。あの方は、あなたを信じて居りました。刑場に引き出されても、平気でいました。王様が、さんざんあの方をからかっても、メロスは来ます、とだけ答え、強い信念を持ちつづけている様子でございました」

「それだから、走るのだ。信じられているから走るのだ。間に合う、間に合わぬは問題ではないのだ。人の命も問題でないのだ。私は、なんだか、もっと恐ろしく大きいものの為に走っているのだ。ついて来い！　フィロストラトス」

言うにや及ぶ。まだ陽は沈まぬ。最後の死力を尽して、メロスは走った。メロスの頭は、からっぽだ。何一つ考えていない。ただ、わけのわからぬ大きな力にひきずられて走った。陽は、ゆらゆら地平線に没し、まさに最後の一片の残光も、消えようとした時、メロスは疾風の如く刑場に突入した。間に合った。

＊　＊　＊

私が線を引いたところが、別に正解というわけではありません（正解はありません）。

「いや、まだ陽は沈まぬ」

私は、このセリフに青の線を引きました。このセリフが、メロスの一途な心を表しているからです。

どんなに苦しく厳しい状況に追い込まれても、「いや、まだ陽は沈まぬ」と言える人だけが、困難を乗り越えられます。

「信じられているから走るのだ。間に合う、間に合わぬは問題ではないのだ。人の命も問題でないのだ。私は、なんだか、もっと恐ろしく大きいものの為に走っているのだ」

ここに赤の線を引きました。最重要ポイントです。

友が信頼してくれているから、その期待に応えるためにメロスは走る。人に信頼される人間でありたい。この思いがメロスを支えています。

「言うにや及ぶ」

聞き慣れない言い回しですが、「言うまでもない」という意味です。印象的な表現がとても興味深く、緑の線を引きました。

紹介したシーンからは、人は他人との信頼関係のなかに自分を位置づけることで、社会的存在として生きていくというメッセージが伝わります。

『走れメロス』は「公共感覚」の尊さを描いた物語なのです。

例文を用いて説明しましたが、3色の使い分けについて、「ああ、そういうことか！」と、つかんでいただけたでしょうか。

Point

3色で線を引いて感動の高まりを認識しよう

39

主観と客観を区別する

3色ボールペンで線を引く最大の目的は、主観と客観を切り替えるワザを身につけることです。


職場の会議でも、主観と客観を区別しないまま話をする人がいるようです。

「今度の新商品は絶対売れます！」

自信満々に話すから客観的な裏づけがあるのかと思いきや、単なる思い込みや願望（主観）を口にしているだけ。こういう人に「主観と客観を分けて話してください」と指導しても、そう簡単にはうまくいかないものです。

そもそも「主観と客観を分ける」という感覚が備わっていないからです。

けれども、**「主観と客観を色分けして線を引いてみて」と言われれば、両者の区別を意識するようになります。**

最初は間違うこともあるかもしれませんが、繰り返しているうちに、主観と客観を切り替える感覚が当たり前に備わってきます。

ちょうど、ノック式の3色ボールペンでカチッと色を切り替える音がスイッチとなり、脳内で主観と客観が入れ替わる瞬間を感じ取れるようになります。

ここまでくれば、普段から主観と客観の区別を意識できるようになってきます。「今は主観で話している」「今は客観で話している」といった具合に、心のなかで明確に意識分けできるのです。

自分の頭のなかだけで「主観と客観を区別して考えよう」と思っても、なかなか思った通りにいかないものです。

その点、3色ボールペンを使えば、実際に手にした道具の助けを借りながら、心を整えることができます。

3色ボールペンを使うと、1冊読み切ったあとに、客観的かつ簡潔な要約ができるようになります。そして、緑で主観的に面白い情報をピックアップする力は、雑談やプレゼンのツカミにも活かされます。

3色ボールペンは仕事力を高めるための道具にもなるのです。

Point

3色ボールペンで仕事力もアップ

40

10年後にまた味わう

〝本に書き込む〟という作業は〝梅酒を仕込む〟という作業と似ています。どちらも仕込んでから年月が経つにつれて、味わいが深まっていきます。

〝長期熟成10年梅酒〟ともなれば、ありがたみさえ感じられます。

「おばあちゃんが元気だったころに漬けてくれた梅酒」

こんなストーリーが背景にあったりすると感慨深くもなります。

梅酒と同じように、10年くらい経ってから3色ボールペンで書き込んだ本を読み直してみると、味わい深いものです。

私にも経験があるのですが、

「10年前はこんなところに感動していたのか、若いなあ」

「10年前はスルーしていた箇所なのに、今読んでみるとグッとくるな」

こんなふうに、同じ本でも時が経つと当時を懐かしみながら、また違ったふうに味わえるのです。

『星の王子さま』（サン＝テグジュペリ）は、タイトルとカバーのイラストを見る限り、児童文学です。

「そういえば子どものころに読んだことがある」という人もいるでしょう。

それから20年くらい経って、30代で再び読んでみたとしましょう。すると、子どものころに気づかなかった発見がたくさんあるはずなのです。

「この〝バラ〟っていうのは、愛人のことかな。思ったよりエグい内容だったんだな」

「この王子さまって、あっさりどこかに旅立って行っちゃうタイプの人なんだな」

同じ本でも年齢相応の読み方ができるようになるのです。

私も10代で読んだ本を50代で読み直してみたことがありますが、まるで〝40年熟成〟みたいなものを愉しんでいるような感覚がありました。

私は小学生を集めて、夏目漱石、シェイクスピア、ゲーテといった文豪の名作を3色ボールペンで書き込みながら読んでもらう機会をしばしば持っています。

これはある意味、小学生が将来、もう一度同じ作品を味わってもらうための「仕込み」の作業なのです。

誰もが一番若いのは、常に今なのです。思い立ったらすぐ本を仕込みましょう。そのうちの何冊かは10年後、20年後の楽しみになるはずです。

Point

3色ボールペンを引くのは将来楽しむための仕込み

読書にまつわるQ&A

Q

本をどこで読む？

A

5割以上が寝室やリビング

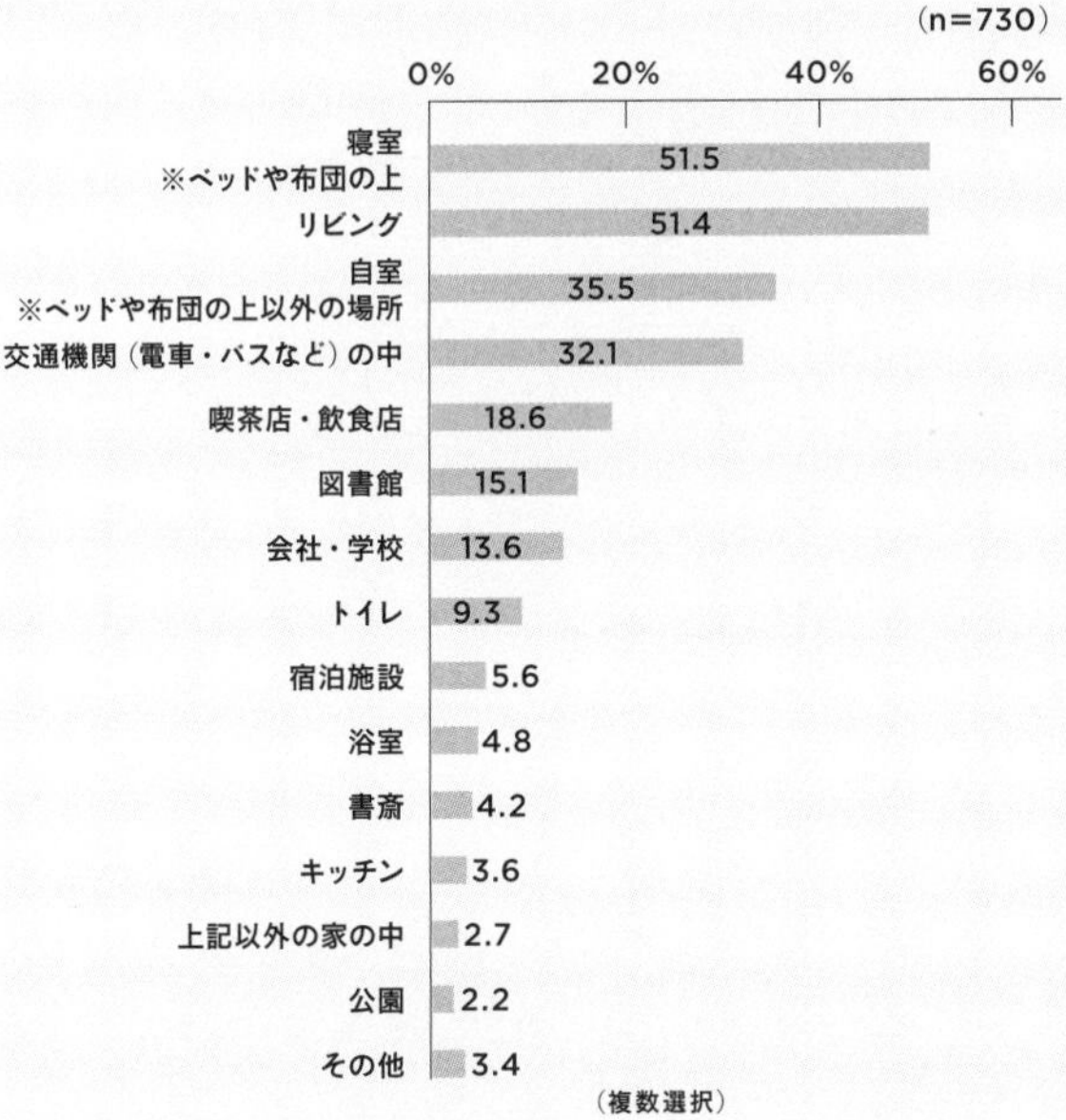

出典：楽天インサイト

第 6 章

3か所に
本を分けてみよう

41

3か所に本を配置する

生活空間に本を分散して配置しておくと、読書が進みやすくなります。自然と本を手に取りやすい環境作りをしておくといいのです。

とりあえずリビング、トイレ、カバンなど、3か所に本を分散配置してみましょう。職場のデスク、ベッド脇、それにキッチンなども考えられますね。

私は一時期、トイレで笑い話を読むのにハマっていました。

そのときに読んだのは、『ウッドハウス・コレクション』（P・G・ウッドハウス著、森村たまき訳、国書刊行会）というシリーズでした。笑い話ですから、短時間で途切れ途切れに読んでも楽しめます。

1冊2000円以上する本ですが、まさにトイレタイムにぴったりです。

本を分散配置して、別々の本を同時並行で読むと、頭のなかで内容がゴチャゴチャになったり、忘れたりするのではないかと心配するかもしれません。

でも、心配無用です。テレビだって、月曜夜9時の連続ドラマと、木曜夜9時の連続ドラマを毎週並行して観るのは当たり前のことですよね。

「スカパー!」や「ネットフリックス」などの有料放送(配信)で、さらに多くの連続ドラマを並行して観ている人だっています。

だからといってゴチャゴチャになることはないでしょうし、1週間後に続きを観ても、違和感なく楽しめます。

ただし本の場合、テレビとは違って1週間以上放置すると忘れやすいです。映像と活字の違いでしょうが、それでも短期間で同時並行して読めば、しっかりと記憶に残ります。

読む本を「場所」で分けると、気持ちのスイッチの切り替えにもつながります。むしろ、読む場所が異なるほうが頭に入りやすいくらいです。

生活空間に本を分散配置する

リビング

カバン

トイレ

...etc.

無理せず1分2分でも本を開いてみよう。気分によって読む本を分ける のも1つの手

読書習慣がつきやすい！

Point

読む本を場所で切り替えて気持ちも切り替えてみよう

42 お風呂で音読する

本を読む場所といえば、意外におすすめなのはお風呂です。

ある女性の作家さんが「入浴しながら読書している」という記事を読んだことがあります。2時間も入浴するそうで驚いたのですが、周りの女性に尋ねてみると、1時間近く長風呂することが珍しくないと知り、また驚かされました。

男性は「烏《からす》の行水」のようにササッと洗って済ます人も多いでしょうが、ある程度の時間、お風呂に浸かって過ごすのなら、本を読んでみることをおすすめしたいです。

私も入浴中に読書をすることがあります。湯船に浸かりつつ、バスタブの3分の2くらいにフタをして、そのフタのうえに本を乗せて読むのです。

短編小説などは、入浴中にリラックスして読むには最適です。

この〝入浴読書〟では、黙読より音読をおすすめします。お風呂場は声が適度に反響しますから、音読しがいがあります。興味があれば、日本語の本ばかりでなく、英語の本の音読にもチャレンジしてみていただきたいです。

英語の本は解釈に手間取ると、つい止まってしまいます。しかし、ひたすら音読すると止まりにくくなります。ですから、英語の本は黙読するより音読したほうが早いことがあるのです。

日本語の場合、無意識のうちに飛ばし読みできるのですが、アルファベットだと飛ばし読みができないので、黙読するとどうしてもテンポが落ちるのです。

以前、アメリカのベストセラー作家であるシドニィ・シェルダンの分厚い原書をお風呂に限定して音読で読破したのですが、自分でも驚くほどにスラスラ読めました。

さすが万人に読まれるベストセラー作家だけあって、やさしい英単語ばかりで文章が読みやすいのです。

大きめの声で音読すると風呂場の反響度も増して、まるでミュージカルの俳優にでもなったかのようで楽しいです。発音なんて誰からも突っ込まれませんから、まったく気にしません。

英文を音読すると、自分の声が先に出て、あとから意味がついてくる感じがあります。ちょっと面白い感覚です。

風呂場で本を読むと湿気や水滴で本がふやけますが、それは後々「この本は風呂場で読んだんだな」と、自分ならではの読書歴になります。

Point

お風呂場では思い切って英語の本を音読してみよう

43

新幹線や飛行機で読み切る

新幹線や飛行機などでの移動時間は、読書にうってつけです。たとえば東京駅から新大阪駅まで、新幹線のぞみでの移動時間は約2時間半。これだけの時間があれば、薄い本なら読み切れます（85ページで紹介したように30分1冊勝負という方法もあるくらいですからね）。

新幹線の駅や空港には書店や売店があります。しかも、出張族や旅行客を想定したラインナップをそろえています。ベストセラーのビジネス書や新書、定番の推理小説などです。

そのなかから手ごろな1冊を購入し、新幹線に乗り込むといいでしょう。

出発と同時に、読書もスタート。**ポイントは「到着するまでに1冊読み切る」**

と心に決めることです。おのずと、必然的に2時間半でどう読み切るかの配分を考えるようになります。


このように時間枠を設定すると、ページをめくるテンポがよくなります。

「おっと今、静岡を通過したぞ。よしよし、いいペースだ」

「もう名古屋か。よし、ここからちょっとスピードアップするぞ」

このように帳尻を合わせながら読むので、新大阪に到着する前には狙い通りに読み終わるという算段です。

慣れてくると、1冊どころか2冊もラクラク読めるようになります。

とはいえ、別に競技ではないですから、失敗しても大丈夫です。途中で飽きたり疲れたりしてきたら、無理せず本を閉じて、目を閉じるか外の景色を眺めるか、お弁当でも食べればいいのです。

無理やり読み進めても、楽しくはないのですから。

私は地方で講演をするとき、主催者のご厚意で新幹線のグリーン車や国内線の上級シートに乗せてもらう機会があります。

グリーン車や上級シートに乗っているのは、それなりに社会的地位の高い人や高収入の人が多いでしょう。乗ってみて気づくのは、その人たちの読書率の高さなのです。

以前、飛行機で講演先へ向かっていたとき、気流の乱れで機体がずっと揺れていたことがありました。私は読書をしていたのですが、さすがに読みにくくなって本を閉じました。

しかし、隣に座っている男性は、まるで動じるふうもなく、淡々と読書を続けていたのです。

私も読書好きでは人後に落ちない自負があったものの、このときばかりは心のうちで負けを認めました。

ある大学教授は、東京から新潟へ新幹線で定期的に行き来していますが、その車中でいつも新書を2、3冊読むと言っていました。そのように決めて習慣にすることが大切です。

本を読んでいる人は、自己鍛錬に余念がないのでしょう。自然と出世をしてしまう人も多いようです。

私の知り合いの読書家は、「なりたくない」と断ったにもかかわらず、社長に担ぎ上げられたそうです。

Point

出張や旅の車中は自分だけの書斎にしよう

44

旅先が舞台の本を読む

旅行に本を持っていくのはいいものです。読書を旅とセットにすると、思い出に残りやすいです。

海に行くときには海をテーマにした本、山に行くときには山をテーマにした本、伊豆旅行には伊豆が舞台となっている本を選ぶといった具合です。

私が伊豆旅行したときには『伊豆の踊子』（川端康成、新潮文庫）を持っていきました。伊豆で読んだ『伊豆の踊子』は、強く記憶に残っています。実際には踊り子なんて見ていないのに、なぜか本当に踊り子と出会ったような気分にさせられるから不思議なものです。

こうなると、もう旅の本選びが楽しみになってきます。

旅行や出張で地方を訪れたときには、地元の書店で本を買ってみましょう。盛岡に行ったら石川啄木の歌集、青森に行ったら太宰治の小説といった具合です。地方の書店は、その土地の文化の中心です。たいていは〝ご当地作家〟を推していますから、本を探すのに苦労しないはずです。

私は大学時代、金沢に住む友人を訪ねて旅をしたときに『室生犀星詩集』（新潮文庫）を地元の書店で買って、そこで読んだことがありました。市内を流れる犀川《さいがわ》のほとりに座り、ページをめくったことを今でも鮮明に覚えています。そのときに吹いていた風の感覚も記憶しているくらいです。

鹿児島に行くのなら、西郷隆盛の『西郷南洲遺訓』（岩波文庫）などいかがでしょうか。ふだんは岩波文庫という老舗のレーベルに縁遠い人でも、パラパラ読むうちに「鹿児島に来たんだな」という実感がより湧いてくると思います。

本の余白に購入した書店と日付を記しておくと、旅の記念として残ります。何年か経って本棚から取り出して開くと、「あのとき鹿児島を歩いたなあ」と思い出がよみがえるのです。

Point

旅先や出張先でご当地の本を買ってみよう

45

「季節」とセットにして読む

読書には、場所とともに「時」もきっかけになります。読書を季節とセットにすると、楽しみが深まります。

夏になれば、書店で新潮文庫（新潮文庫の100冊）、集英社文庫（ナツイチ）、角川文庫（カドフェス）と、定番の文庫フェアが展開されます。

古今東西の名作から選りすぐりのラインナップをそろえるので、毎年楽しみにしている読者がたくさんいます。

私の経験上、夏や冬など気候がハッキリしている季節のほうが思い出に残りやすいように感じます。

「猛暑だった年、あの本を読んだなあ」

「あの年のクリスマスは1人寂しく本を読みながら過ごしたんだっけ」

こんなふうに思い出されるのは、夏か冬と相場が決まっています。

それになんといっても、盆休みや正月休みは、まとまった時間を確保できます。読書に没頭するには、もってこいの機会です。

読書と季節をより強く結びつけるために、夏には夏らしい本、冬には冬らしい本を選んでみましょう。

夏が来たらサマーソングを、クリスマスが近づいてきたらクリスマスソングを聴くようなものです。

夏であれば『夏の庭』（湯本香樹実、新潮文庫）、『サマーウォーズ』（岩井恭平、角川文庫）のように、タイトルに夏が表現されている本ならすぐに探し出せます。

もうちょっと古典よりの本でいえば『異邦人』（カミュ著、窪田啓作訳、新潮文庫）などは、夏の海の情景ととてもよくマッチする物語です。

短い作品なので、チャレンジする価値はあります。

冬であれば、私は「フロスト警部」（創元推理文庫）シリーズを年末に読むのが好きです。

『クリスマスのフロスト』『冬のフロスト』（R・D・ウィングフィールド著、芹澤恵訳）など、冬らしいタイトルの本も出ています。

読み終えた日付を本の片隅にメモしておきましょう。その本を読んでいたときのちょっとした出来事もメモしておくと、数年後にしみじみとした味わいが生まれます。

Point

夏と冬は読書に没頭するチャンス

読書にまつわるQ&A

Q

1日どれくらいの時間、本を読む？

A

休日は31分～1時間以下（26.4%）、休日以外は16分～30分以下（27.7%）

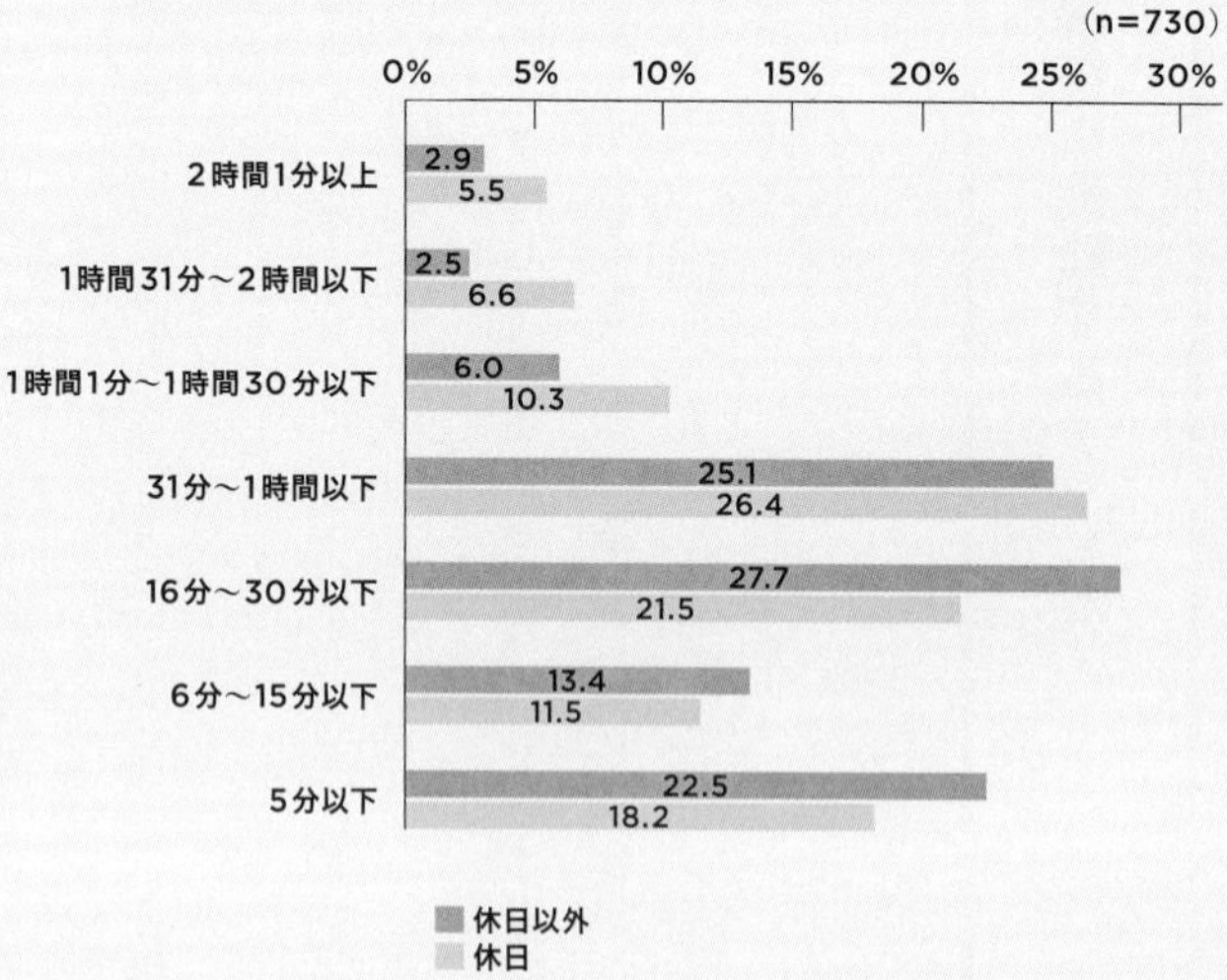

出典：楽天インサイト

第7章

3行で
SNSに投稿してみよう

46

SNSに3行で投稿する

読書には大きく分けて2つのゴールがあります。

1つは**「純粋に楽しむ」**ということ。推理小説などを読んで、とにかく楽しむ。知識や教養を得て楽しむというのも、これに含まれます。

もう1つは**「成果に結びつける」**ということ。ビジネス書を読んで仕事のスキルアップに結びつける、サッカーの本を読んでテクニックを身につける、といったことです。

82ページでは、誰かに内容を伝えることを意識して読むことをおすすめしましたが、これも成果に結びつけることを意識しながら本を読むということです。

自分の考えを深めるようになり、自分の考えを伝える訓練にもなります。

手始めにフェイスブックやツイッターに感想を投稿してみましょう。1冊読み切った後でもいいですし、その日に読んだところについて、その都度、投稿するのでもいいです。最初は〝3行コメント〟で十分です。

その都度「この主人公の性格は最高」「この生き方に惚れました」など、感じたことをそのまま投稿しておきます。

感想を口で伝えるだけでなく、形にして残しておけば、後で読み返せます。それがことあるごとに、自分自身に〝気づき〟をもたらします。

読書へのモチベーションを高め、行動を変えていく原動力にもなります。

私はこれまで何度となく書評を書いてきましたが、**読んだことがない人に読んだ内容を伝えるのは、なかなか心地いいものです。**

「読んだほうがいいですよ」「読まないと損しますよ」などといったニュアンスで、〝軽い圧〟を加えつつも魅力を伝える。

そんな、ちょっとした〝上から目線〟がクセになるのです。

読んだことのない人に耳を傾けてもらうには、端的に説明する必要があります。日ごろの会話だと、1分もかけて本を紹介するのは長すぎます。だいたい30秒くらいで話すのが理想的です。

これを文章に置き換えれば、3行くらいの長さになるのです。

せっかく本を読んだのに、アウトプットしないのはもったいないことです。

そもそも、人に伝えようというアンテナを立てておくと、読書のモチベーションが高まりますからね。

食べた物については、フェイスブックやインスタグラムにせっせとアップしているのに、読んだ本についてアウトプットしない人がいるというのは不思議なことです。

食べ物をアップするより、本を紹介したほうが断然賢そうですし、断然評価されます。

私ならインスタ映えするパンケーキの写真をアップしている人より、本を紹介している人と友達になりたいです（笑）。

大げさではなく、食べ物の写真しかアップしていない人とは、違うステージに立ったような気分になるでしょう。
そして、二度とそのステージから降りたくないと思うようになるはずです。

Point

人に感想を伝えるのは結構心地いい

47

ポジティブな感想を投稿する

ＳＮＳに感想を投稿するにしても、ネガティブな批評は避けたほうがいいです。そもそもネガティブな批評をする人ほど、本の内容を曲解《きょっかい》（わざと素直でない解釈）しているケースが多いものです。

私は仕事柄、たくさんの書評を読んできましたが、批判的な意見の多くは的外れなのです。

なぜそうなるかというと、多くは「批判したい」という目的ありきで、独りよがりの思い込みが強すぎるからです。

以前、ある研究会で課題図書について語り合ったとき、出席者の１人がその本をケチョンケチョンに貶《けな》し始めたことがありました。

案の定、「どうすればそこまで的外れになれるんだろう」と不思議に思うくらいポイントがズレていました。

ネガティブな批評をする人は、なにかを貶すことで自分の存在価値を高めようとする屈折した思考に陥りがちです。

自分の能力をひけらかそうと他人をこき下ろすので、著者が本当に言いたかったこととは、まったく別のポイントを拾ってしまったりします。

結果的に、自分の評価を下げてしまう、なんとも残念な読み方になるのです。

著者に対する競争心は、ハッキリ言って無益です。著者と対等な視点で親しみを感じるのはいいのですが、対抗意識を持つのは筋違いなのです。

本を批判すると著者を傷つけるだけでなく、その本を愛している読者までも敵に回します。

一瞬にして大勢の人の反感を買うのですから、百害あって一利なしなのです。

誤読による批判ほど恥ずかしいことはありません。それをSNSを通じて拡散させるなんて、自分の低俗さを全世界に発信しているのと同じことです。

SNSではとにかく褒めるのが一番です。どんな本でも1つはいいところを見つけて褒めることはできます。

けなす場合と違って、褒める場合は、曲解したとしても救われます。褒めている限り平和が保たれるのです。

Point

SNSではとにかく褒めよう

48

感想を人に話してみる

読書の感想を書く力を磨くうえで、とても有効な方法があります。

普段から人に感想を話すクセをつけておくのです。

本でなくても、面白いテレビドラマを観たら、その翌日にでも友人や同僚に「ねえ、あのドラマ観た？」と話しかけてみます。

相手もドラマを観ていたら、共通の話題で盛り上がりますし、観ていなかったとしても、面白いポイントをざっと30秒程度で解説すると表現力が磨かれます。

「○○の演技がドハマりしていて、臨場感が半端ないいんだよ」

「脚本が飽きさせないんだよね」

などと、相手も観たくなるようにコンパクトにプレゼンするイメージです。

「超面白かったから観てよ」だけでは、相手に魅力が伝わりません。

相手の心を揺さぶるには、頭のなかを整理して、どんな言葉で表現すれば的確かを考える必要があります。そのためには、**人に話す前提で本を読み、読んだら人に話してみることです。**

相手は、家族でも友人でも会社の同僚でもかまいません。話していると、それに連動して本の内容をいろいろと思い出すこともあります。

「ああ、自覚していなかったけど、こんなふうに感じていたのか」と気づいて、さらに思考が深まったりもします。

「それで結局、どうすればいいってこと」などと相手から質問されると、「人が知りたいのはそこなんだな。自分の話はそこが足りなかった」とコツがつかめてきます。

すると、別の人に話すとき、よりうまく話せるようになります。その小さな成功体験をイメージしながら、感想を書けばいいのです。

Point

手短に面白いポイントを話してみよう

49

本のなかの埋蔵金を掘り当てる

文章を書くのが苦手な人は、とにかく最も伝えたいこと、感動したポイントを、1つだけでいいので書いてみましょう。

「こんなに感動した」「こんな発見があった」ということを、最初にバシッと書いてしまいます。

1つ言い切ったら、それで終わりにしていいです。

一番感動したことを書くと、文章に自然と熱が入ります。自然と人に訴えかける力を持つのです。

ところが、一番感動したところを書きなさいというと、そこで躊躇してしまう人もいます。

「こんなことを紹介したら、レベルが低いと思われるかな」
「私はここがいいと思ったけど、みんなに響かなかったらどうしよう」
そんなことに引っかかってしまうのです。

ビクビクすることなんて一切ありません。どの本のどんなところに感動しても自由です。個人的な感想なのですから、自信をもって発信すればいいのです。

たしかに主観的にいいと思ったところと、著者のテーマや狙いとはズレていることはあるかもしれません。もしそうだとしても、自分が読んでどう感じたかのほうが大事です。

著者の立場からしても、こちらの狙いと違った読者の感想は参考になります。

先日、大学のかつての教え子が、10年ぶりくらいに私のところに訪ねてきました。彼の友人(これも私の教え子)が結婚するので、色紙になにか書いてほしいということでした。

私が書き終わると、彼はカバンから1冊の本を取り出しました。

「先生、この本にサインをしてください」

見ると『孤独のチカラ』（新潮文庫）という私が書いた本です。なぜ、この本なのかと思っていたら、教え子があるページを開いて、こう言いました。

「『人生、年を取れば、夢と人生との折り合いのつけ方を変えていかなければいけない』。この言葉、刺さりました。僕も30歳になって、夢と人生との折り合いのつけ方を変えなきゃと思ったんです」

その教え子は、私の本にある1行に、人生を支えるような価値があると言ってくれました。ところが、肝心の著者である私は、その1行をすっかり忘れていたのです。


本のなかには、埋蔵金のようなものが隠されています。埋蔵金は掘り当てた人のものであり、著者のものですらありません。

どのページに埋蔵金を見つけるかは、人それぞれ。年齢や人生経験に応じて、自分だけの埋蔵金を掘り当てる。そこに読書の醍醐味があります。

自分だけの埋蔵金を探すつもりで本を読み、自分だけの埋蔵金を見つけたと思ったら、堂々とアピールしていいのです。

私自身、「この本を世界で一番好きなのは自分だ！」という高いテンションで書評を書くことがあります。

思いが強いときほど、インパクトの強い言葉が湧いてきて、熱のこもった文章が書けます。

よいレビューには、人に本を読ませようとする熱量があります。自分自身が、ちょっとオーバーでうっとうしいと感じるくらいがちょうどいいのです。

Point

自分が感動したことを自信満々に書こう

50

グッとくる文章を3つ探す

ここからは、もう少し長い感想を書くケースを想定してお話しします。長めの感想を書くにあたっては、必ずやっておきたい準備があります。

まずは読んだ本のなかから、心にグッときた文章を拾い出すことです。

「この表現カッコイイ！」「この文章、泣かせるな」などと思ったところを、3色ボールペンの緑色で線を引いておきます（緑のペンでグルグル巻きにしておけば、あとで探し出すときにとてもラクです）。

いくつ拾い上げるかは自由です。5、6か所のこともあれば、30か所以上のこともあります。同じ本でも、人それぞれです。

次にピックアップした文章のなかから、特にグッときた文章を3つに絞り込みます。つまり「ベスト3」を決めるのです。

3つに絞り込むのは大変かもしれません。「どれも捨てがたい」という気持ちはよくわかりますし、迷うのは当然です。

その〝迷う楽しさ〟を感じながらも、思い切って選んでみてください。

3つに絞り込むのは、文章が散漫になるのを防ぐために大事なことです。

思い入れが強い本ほど、あれもこれもたくさん入れ込みたくなります。その結果、焦点がぼやけ、なにを伝えたいのかわからなくなるという残念な結果に陥りがちなのです。

書いているうちに迷いが深まって、なにを書いているかわからなくなってしまうこともあります。

書こうとする文章の長さにかかわらず、書きたいことは3つに絞り込みます。すると、文章がピリッと締まるのです。

Point

ポイントを3つに絞っておくと書きやすくなる

ちょっと長めの読書感想を書くときのポイント

ステップ１　心にグッときた言葉を拾い出す（何個でもOK）

ステップ２　３つに絞り込んでみる

書きたいことを３つに絞り込むと文章がピリッと締まる！

51

文章を引用する

ポイントを3つに絞り込んだら、あとは簡単です。

とりあえず引用します。文章をそのまま書き写せばいいのです。

引用するときには、その文章をカギ括弧でくくり、引用したことがハッキリわかるように明示します。

引用は丸写しのセコい手でもなんでもありません。面白い部分を見つけて切り取ること自体、とても大切なスキルなのです。

では、具体的にどのように引用すればいいのでしょうか。

187ページで、グッとくる文章を3つ探そうと言いましたが、その文章を、そのまま書き写してカギ括弧でくくります。

引用した文章に加えて、

「この言葉に本気度を感じました。とにかくカッコイイ」

「とても前向きな考え方で、私も元気をもらいました」

など、ちょっとしたコメントを添えます。

なぜその文章を選んだのか、その文章を読んでどう思ったのかを素直に書くだけでいいのです。

自分で選んだのですから、難しく考えなくても、なにか言えるはずです。それだけで立派なレビューができあがります。

引用すれば、少なくとも文字数が稼げます。ちょっと気持ちがラクになりますし、記憶にも残ります。絶対に誰でも書けるはずなのです。

コメントなどなくても、引用文だけでも最低限のレビューは成立します。引用した言葉が一人歩きして、読み手を刺激することもあります。

「おー、さすがニーチェ、すごいこと言っているな」などと読み手の心を揺さぶれば、レビューの役割を十二分に果たせるのです。

Point

引用だけでもレビューとして成立する

引用は丸写しのセコい手ではない！

52

ビフォーアフターの変化を書く

引用して感想文を書き慣れてきたら、もっと表現の幅を広げてみましょう。引用は著者の言葉を借りたものですから、自分の言葉ではありません。

今度は自分の言葉でアウトプットしてみるのです。すると表現がより魅力的になります。

本を読む前後（ビフォーアフター）で、自分の心境がどう変わったかを書けば、おのずと自分の言葉で表現できるようになります。

「ちょっと難しそう」と思って読み始めて「やっぱり難しかった」という感想を抱いたとしても、少なくとも「どこが難しかったか」を書くことはできます。

「読んでみたら予想に反してわかりやすかった、面白かった」という場合は、もっと書くことがあるはずです。

ビフォーアフターというと、減量ジム「ライザップ」のCMが印象的です。太ったタレントさんがダイエットして、劇的に引き締まった肉体をドヤ顔で披露する映像は、とてもインパクトがあります。

それほどビフォーアフターの変化はキャッチーですし、ストーリー性もあります。その落差が大きければ大きいほど、インパクトがあるのです。

ビフォーアフターの変化を書くときのポイントは、次の3つです。

①読む前はどういう印象を持っていたか
②実際に読んでみてどうだったか
③ターニングポイントはどこだったか

例として、福澤諭吉の『福翁自伝』（岩波文庫）を取り上げましょう。

「福澤諭吉って、あの一万円札の人？　『学問のすすめ』は知っているけど、なんか難しそうだな」と思ったあなた、いいですね。その気持ちを、そのまま書きましょう。

これが**①読む前はどういう印象を持っていたか**です。

②実際に読んでみてどうだったかの部分については、『福翁自伝』を読んだ学生が、こんな素直な感想を紹介してくれました。

「福澤諭吉って、すごく人間くさい人だったことがわかってビックリしました」

「真面目一本槍かと思いきや、意外にお茶目で親近感が湧きました」

こういう素直な感想を読んだり聞いたりすると、ちょっと興味が湧いてきますよね。

③ターニングポイントはどこだったかの部分については、私がいくつか面白そうなエピソードを紹介しましょう。

福澤諭吉は、子どものころから「疑う力」を持っていました。神社の社《やしろ》にあるはずのご神体を見てやろうと思ったら、石みたいなものが入っていたので、拾ってきた石ころと取り替えたというエピソードを語っています。

「子どもながらに、まことに精神はからりとしたものでした」「占い、まじない、狐憑《きつねつ》きなんか一切信じない」などと書いてありますが、たしかにわかりやすくて〝からり〟としています。

で、この福澤先生は、大阪（当時は大坂）で学問をしているとき、ふと「枕がない」と気づきます。

そのオチが「勉強ばかりで、ずっと仮寝していたから、枕をして寝たことがなかった」というのですから秀逸です。

最後のほうになると、「自分はなにが嫌いって暗殺が一番嫌いだ。暗殺されるのが一番嫌だ」と告白しています。

「あるとき、自分の後ろをつけてくる男がいたけど、暗殺者じゃなくてホッとした」というようなエピソードも明かしつつ、「暗殺はいけない」とまとめています。

リアルで切実な言葉ですが、思わず笑ってしまいます。エピソードトークの天才です。

『福翁自伝』は滅多にないほど面白い本だと私は思っていますから、ぜひチャレンジしてみていただきたいです。

Point

食わず嫌いの本のほうがドラマチックな感想を書ける

53 投稿する前に見直す

基本的なことではありますが、SNSなどに感想を投稿する前には、見直しましょう。というのも、すぐ投稿しようとするときに限って、内容を整理しきれていないことがよくあるからです。

逆説的ですが、**頭のどこかで整理しきれていないのが自分で薄々わかっていて、半ば投げやりになって「すぐにアップしてしまおう」としがちなのです。**

いいレビューを書けたときほど、もう一度見直そうという気になりやすいものです。

見直しするときのポイントは、次の3つです。

①熱くなりすぎてわかりにくい表現になっていないか

②人を傷つけてしまう表現をしていないか

③日本語の文章として正しいか

①と②は説明がいらないと思いますが、③の日本語の文章チェックとして、気をつけたいポイントを挙げてみましょう。

●誤字脱字はないか

うっかりやってしまいがちなのが、「意外」と「以外」など、同音異字の変換ミスです。漢字の誤記や送り仮名の間違いと合わせて、確認しておきましょう。

ネットニュースには誤字がよくあり、レヴュアーに指摘されています。「部がある」ではなく「分がある」、「間隔」ではなく「感覚」など、他人のミスを見て気を引き締めましょう。〝人の誤字見て我が誤字直せ〟です。

●固有名詞の間違いはないか

登場する人物の名前を間違うだけで、話がまったくわからなくなってしまいます。もう1つ気をつけたいのが、著者名の間違い。人の名前を間違えるのは失礼ですし、違和感が際立ちます。

●助詞の使い方が正しいか

「てにをは」の使い方の間違いがないかを見直します。「AとB」と書くべきところ、キーボードのタイプミスで「AをB」になることもあるので、くれぐれも気をつけたいところです。

●主語と述語がきちんと対応しているか

一文は簡潔に書くのが基本です。長々と続けることで、主語と述語の関係がねじれて、意味がわからなくなってしまいます。たとえば、「私がこの本を取り上げようと思ったのは、テレビを見ていて大好きな俳優さんが面白いと絶賛していて、ぜひ読んでみたいと思って、すぐにアマゾンで注文をしました」という文章。なにを言いたいのかは伝わりますが、文章はねじれています。一文を短く区切って、主語と述語の関係を対応させれば、わかりやすい文章になります。

Point

誤字脱字のない文章は信頼される

見直しするときのポイント

①熱くなりすぎてわかりにくい表現になっていないか

②人を傷つけてしまう表現をしていないか

③日本語の文章として正しいか

- →誤字脱字はないか
- →固有名詞の間違いはないか
- →助詞の使い方が正しいか
- →主語と述語がきちんと対応しているか

54 「自分だったら」と想像する

ここからは、少しレベルアップしていきます。

よりレベルの高い感想を書くときに大切なのは、自分の心がどう動いたかを、自分の言葉で表現することです。

そのためには、本を読む段階から「自分だったら」と仮定しながら読むといいです。感情移入しやすくもなります。

どのように書くかというテクニック以前に、どう自分の気持ちを関わらせるかが大切なのです。

私は大学受験で浪人をしていた時期、一人暮らしのアパートで、自分と同じくらいの年齢で悲惨な経験をした人の手記を読んだことがありました。つらい状況を生き抜いた人の話を読めば、勇気をもらえるような気がしたのです。

『わがいのち月明に燃ゆ』（林尹夫《ただお》、筑摩書房）という本でした。太平洋戦争に学徒出陣した学生の日記をもとにした手記です。

著者の林さんは、ドイツ人の作家トーマス・マンに傾倒する勉強熱心な学生で、旧制高校から京都大学に進学し、将来への明るい希望を持っていました。

ところが、学徒兵としての召集がかかります。

海軍に入隊し、航空隊に配属された林さんは、その間も多くの本を読み続けましたが、やがて乗っていた偵察機が米軍に撃墜され、あえなく戦死してしまうのです。

思わずページをめくる手が止まり、天を仰ぎました。どんなに無念だったかと思うと、涙がこみ上げてきたのです。

私は「自分だったら」と自問自答しました。

はたして自分は、林さんのように

勉強したいと真剣に考えていたのだろうか。なんのために大学を目指しているのか。これからどんな人生を送りたいのか。

この本の影響で、いろいろと考えたことを日記に残すようにもなりました。

本を読んで「偉いな」「悲しいな」といった程度は誰でも思うことであり、読書体験としては当たり障りのないレベルにとどまります。

レベルアップしたいならば「自分だったら」と当事者意識を持って読むべきです。そのほうが、より心に深く迫ってくるからです。

自分事として感じた思いを素直に表現すれば、自分ならではの感想になります。

Point

自分事として想像すると文章に気持ちが乗る

55

師匠を見つける

私が中学生のとき、白石先生という国語の先生がいました。その白石先生が、読書好きな私の礎を作ってくださったと言っても過言ではありません。

中学3年間ずっと白石先生の国語の授業を受け続けたのですが、授業の冒頭に決まっておすすめの本を紹介してくれたのです。

週3回ほどの授業で毎回紹介してくれたので、3年間でかなりの冊数を教えていただきました。

紹介する本は、どれも白石先生ご自身が読んだ本でした。中学生には難しそうな大人が読む本を紹介してくれたので、背伸びをしたがっていた齋藤少年は、白石先生の授業が楽しみで仕方がありませんでした。

すべての本を読むことはできませんでしたが、先生の話を聴いているだけで本の知識は蓄積していきました。そのおかげで高校進学時には、相当の知識を得ていたのです。

こうした素晴らしい〝師匠〟に巡り会えると、読書の道は一気に拓けます。ところが、身近にそんな人がいるとは限りません。

それならば、ネットを活用すればいいでしょう。

ブログやSNS、メールマガジンなどで読書についてのコメントをアップしている人を見つけて、一方的にお気に入りの師匠を見つけましょう。

「この人が面白いというのなら間違いない」といった人を見つけると、芋づる式に読みたい本が見つかります。

師匠は1人とは限りません。小説ならこの人、ミステリーならこの人、ノンフィクションならこの人、ビジネス書ならこの人……という具合に、ジャンルごとに師匠を見つける方法もあります。

ミステリーなら『このミステリーがすごい！』（宝島社）や『週刊文春』（文藝春秋）の、その年ごとのベスト10が参考になります。専門家数人が選んだ作品なので、ハズレがありません。

感性の合う師匠の下につけば、たくさんの良書との出会いに恵まれるに違いありません。

新潮社が運営する新聞や出版社の書評をまとめた「ブックバン」（www.bookbang.jp）という総合書評サイトがあります。

さまざまなジャンルの書評を検索できて、数多くの書評家の書評を読めるので、参考にしてみてもいいでしょう。

Point

ネットで師匠を見つけるもよし

読書にまつわるQ&A

Q

なぜ本を読む時間が増えた？

A

読みたいと思う本が増えたから

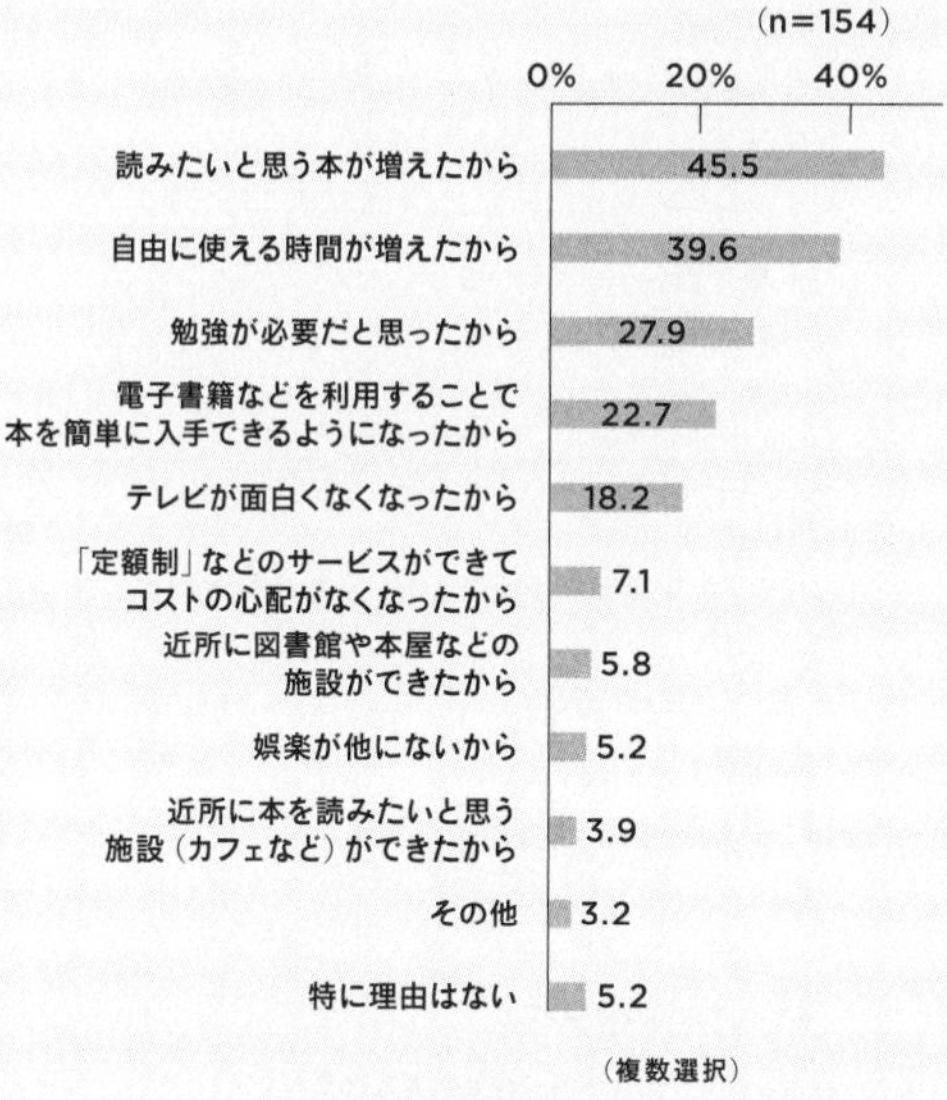

出典：楽天インサイト

参考にしたい書評サイト

「Book Bang」
新聞社・出版社・取次・書店が提供している書評サイト
www.bookbang.jp/

「書評空間」
紀伊國屋書店が提供するプロの読み手による書評サイト
booklog.kinokuniya.co.jp/

「好書好日」
朝日新聞が運営する書評サイト
book.asahi.com/

「HONZ」
出版後3か月以内の小説を除く本が対象の書評サイト
honz.jp/

「bookvinegar」
ビジネス書に特化した書評サイト
www.bookvinegar.jp/

「ALL REVIEWS 」
作家・フランス文学者の鹿島茂さんの書評サイト
allreviews.jp/

「本が好き！」
ユーザー投稿型の書評サイト
www.honzuki.jp/

「ブクログ」
本の感想をレビューとして投稿できるサイト
booklog.jp/

「読書メーター」
自分の読書記録をグラフで管理するサイト
bookmeter.com/

「ビジネスブックマラソン」
ビジネス書に特化した書評サイト&メールマガジン
eliesbook.co.jp/review/

「ダ・ヴィンチニュースレビュー」
ダ・ヴィンチニュースの紙の本、電子書籍のレビューページ
ddnavi.com/review/

「新刊JP」
日本最大級の新刊書籍・話題の本の紹介サイト
www.sinkan.jp/

「Hon-Cafe」
本を愛する女性たちがおすすめ本を紹介するサイト
www.hon-cafe.net/

終章

3つのステップで
長編古典だって読める

準備①

入門書から入る

世界的な名著や古典中の古典を1冊読み切ると、「もうどんな本でも読めるぞ！」という確固たる自信がつきます。

ドストエフスキーの『罪と罰』『カラマーゾフの兄弟』、トルストイの『アンナ・カレーニナ』『戦争と平和』といった世界的な長編古典を読了したとなれば、自信になるだけでなく、自慢できます。

ここまでくれば、もう怖いものはありません。99パーセントの本は、これより簡単に読めるのですから！

単に「分厚い本を読み切る」というだけでなく、〝最高峰の本〟に触れておくことが大切です。それも、なるべく早いうちにチャレンジしておくのがベストです。

そこで、これから3つのステップに分けて、長編古典にチャレンジする方法をお話しします。1つめのステップは「準備」です。

「いきなり長編名作にチャレンジする自信がない」という人は、ひとまず原典を噛み砕いてわかりやすく説明してくれる入門書（解説書）から入ってみましょう。**入門書は〝自転車の補助輪〟のような役割を果たしてくれます。事前に入門書を読んでおくと、その本についての知識がつきますから、理解度がグンとアップするのです。**

25ページで紹介した、映画を観た後に原作本を読むようなものです。

有名な長編古典には、たいてい専門家による入門書が刊行されています。

私は学生時代に『世界の名著』（河野健二編、中公新書）、『日本の名著』（桑原武夫編、中公新書）といった本にお世話になりました。

難しい古典を、ほんの数ページずつで解説してくれるので、大まかな内容を知るにはうってつけだったのです。

世の中には〝解説の天才〟のような人がいます。たとえば、ドイツの哲学者であるニーチェの『ツァラトゥストラ』（中公文庫）を翻訳した手塚富雄さんという先生がいます。

この本は解説書ではなくて翻訳書ですが、一節ごとの冒頭に手塚さんによる要約が記されています。

「長い孤独の末に、精神が満ち溢れたツァラトゥストラが、山を出て人間の中に下り、太陽のように与える者になろうとする」

これを読んでいるだけで、もう嫌でも理解できてしまうというくらいに簡潔で、要を得た解説文なのです。

この文章を頭に入れておけば、本文を読み進めるのも怖くなくなります。

一節分をたった一文で要約するには、相当な理解力と勇気が必要です。この要約を読み、私は心のなかで「手塚先生についていきます！」と宣言し、ゲーテなど他のドイツ語の作品も手塚富雄訳で読んだくらいです。

ドストエフスキーの長編には、格好の入門書があります。

ロシア文学者の江川卓《たく》さんによる**『謎とき「カラマーゾフの兄弟」』『謎とき「罪と罰」』『謎とき「白痴」』（いずれも新潮選書）**という〝謎ときドストエフスキー〟シリーズです。

これらは、まさに「謎とき」としての驚きに満ちている本です。

たとえば、『謎とき「罪と罰」』では、主人公の名前「ラスコーリニコフ」はロシア語で「ラスコーリニキ」（キリスト教の一派である分離派）、「ラスコローチ」（割裂く）に通じていて「斧で老婆の頭を割裂く」という物語の展開を暗示しているというのです。

また、ラスコーリニコフの本名は「ロジオン・ロマーヌイチ・ラスコーリニコフ」ですが、そのイニシャルは「ＲＲＲ」。ロシア文字だと「ＰＰＰ」と表記されます。

ドストエフスキーの創作ノートによると、わざと「ＰＰＰ」となるような名前を選んだと考えられるそうです。というのも「ＰＰＰ」の文字をひっくり返すと

「666」。新約聖書では悪魔の数字として忌み嫌われています。名前からも、まがまがしさが伝わってくるではありませんか。こういう予備知識を踏まえると、本編の味わいもいっそう深くなります。

Point

まずは入門書で予習しよう

新潮社（新潮選書）
翻訳者の江川卓氏が、ただ読むだけでは気づきにくいドストエフスキー作品の舞台裏を解き明かす。これを読んでから原典を読めば、何倍も楽しめる。

準備②

漫画版から入る

まずは入門書から入ることをおすすめしましたが、その入門書に高いハードルを感じてしまう人も多いと思います。

それならば、もっともっとハードルを下げて、子ども版や漫画版から入るという方法もあります。

子ども向けに読みやすい言葉づかいをしたり、ダイジェスト式に編集されたりしている本を読んで予習するのです。

文字を読むこと自体に苦手意識が拭えない間は、絵が理解を助けてくれます。その点において、漫画や絵本は非常に優れているのです。

私は『こども孫子の兵法』（日本図書センター）という本を編集したことがあります。中国の昔の兵法書（戦争のやり方を教える本）である『孫子』から、24の言葉を選んで、子ども向けに〝超訳〟した本です。

「24の言葉って、ごくごく一部じゃないの？」

と思う人がいるかもしれません。

けれども、大人が『孫子』を全部読んでも、20くらいの言葉を引用してスラスラ解説できるかといったら、そうはいかないでしょう。

「エビングハウスの忘却曲線」という研究があるのですが、人は記憶した知識について、20分後に42％、1時間後に56％、9時間後に64％、1日後に67％忘れるとされています。

大人になればなるほど、読んだ本の内容を忘れてしまうことは多くの人が日常的に実感しているはずです。だったら『こども孫子の兵法』をじっくり読んで、厳選された言葉を集中的に吸収したほうがいいという考え方もできます。

ましてや、まったく『孫子』に触れたことがない人に比べたら、『こども孫子の兵法』を読んだ人のほうが圧倒的に『孫子』を理解していることになります。

そう考えると、**いっそ古典は子ども版や漫画版で大まかに把握するくらいでもいいと思います。**

子ども版や漫画版を読んだら、とりあえずオリジナルも読み切ったことにしてしまいます。長編古典なら「粗筋」は把握できます。

『カラマーゾフの兄弟』でいえば、講談社の「まんが学術文庫」というシリーズに漫画版がありますから、これを足がかりとして、オリジナルにチャレンジしてもいいでしょう。

Point

漫画版で粗筋を把握しておこう

準備③

名場面から読む

映画には「予告編」があります。映画館で本編の上映が始まる前に、近日公開予定の作品を紹介する、あの短い映像です。

優れた予告編には、「あっ、この映画観てみたい」と思わされます。私も予告編を観たことがきっかけで、前売りチケットを購入することがあります。

大学の授業で、学生たちに文学作品の予告動画を作成してもらうことがあります。上手に仕上がった予告動画だと、学生たちから「読んでみたい」という声が上がります。

なかには、ミステリーなのに犯人が誰かわかってしまう〝ネタバレ動画〟もあったりしますが、それはご愛敬《あいきょう》です。

本編のダイジェストともいえる漫画版は、いわば「予告編」のようなもの。ポイントをうまくまとめて、読みやすくしています。

全体の大まかなストーリーは頭に入りますし、登場人物の関係性もある程度つかめます。

漫画版で「予告編」を読んだつもりで、漫画に出てきた場面をセレクトしながら読んでいくのもアリです。

『カラマーゾフの兄弟』でいうと、「大審問官」という有名なシーンがあります。キリストの生まれ変わりに対して、「お前の言ってることは本当にすごいけど、それでみんなはどうなった？　人間というのは服従したがってるじゃないか。自由にされてとまどったじゃないか？」というようなことを言う人が出てきます。深く考えさせられる名場面です。

カテリーナとグルーシェンカという女性の登場人物同士が言い争う場面も、ゾクゾクします。「あの女はトラだわ！」みたいなセリフが響きます。

漫画版でセレクトされた名場面を頭に入れてから本編を読むと、細かい描写に圧倒されて感動が深まること請け合いです。

Point

漫画版を読んで全体の大まかなストーリーをつかもう

講談社（まんが学術文庫）
原典を読むのに高いハードルを感じる人は、漫画版で概要や世界観を頭に入れてからチャレンジしよう。

準備④

好きなリズムを持つ翻訳家を選ぶ

『カラマーゾフの兄弟』のような翻訳書を読む場合、「どの訳者の本を選ぶか」ということが、かなり重要なポイントになってきます。

というのも、読者と訳者の言葉づかいには、相性のよしあしがあるからです。

原作者のファンである前に、訳者のファンになっている人も多いです。

私は小学生向けに、イギリスの劇作家であるウィリアム・シェイクスピアの魅力を伝える取り組みをしているのですが、そのなかで見事にシェイクスピア作品にハマった子がいました。

その小学生は『ハムレット』『マクベス』『リア王』『ヴェニスの商人』など、次々とシェイクスピア作品を読破し、その結果「福田恆存《つねあり》さんの訳がベストですね」と言っていました。

私は思わず「おー、シブい！」と感心しました。

福田さんは大正生まれの作家、評論家、演出家で、シェイクスピアの演劇を上演したことでも知られています。

福田さんがシェイクスピアの作品集を刊行したのが1959年ですから、今の小学生にとっては、ちょっと昔の日本語です。

けれども、文章の格調が高く、声に出して読んでみると不思議と気持ちよくなってきます。

そうやって一度、優れた訳者の文体にハマると、もう他の訳者では満足できなくなることもあるのです。

『カラマーゾフの兄弟』はロシア文学なので、イギリス文学者の福田恆存さんは翻訳していませんが、複数のレーベルから訳者の異なる本が刊行されています。

まずは訳者との相性を確認しておくことも大切です。

書店などでパラパラとめくってみて、

「なんか、この文章のほうが読みやすそう」「リズムが自分に合っているかも」

という訳者の本を選ぶのです。

私の場合、はじめに読んだ原卓也さんの訳書がしっくりくるので、大学の教材には新潮文庫を使用しています。

Point

翻訳者選びがスタートダッシュを決める

読み方①

主人公をイメージする

ここからは2つめのステップとして、具体的な「読み方」に移ります。

突然ですが、好きな漫画がアニメ化されたとき、声優さんによる吹き替えを聴いて「あれ、思っていたのと声が違うな」と感じたことはありませんか。

お気に入りのアニメが実写化されたものの、イメージと違う俳優さんが演じていて、ちょっとガッカリした経験はないでしょうか。

原作が人気作品であればあるほど、アニメ化やドラマ化されたときの反発は大きくなりがちです。

「この役者じゃない」「こんな声じゃない」

思い入れが強い分だけ、ネットの評価も荒れに荒れたりします。

アニメ化やドラマ化に違和感を覚えるのは、自分のなかでビジュアルや声のイメージができあがっているからです。

「じゃあ、どんな声が合っているの？」「どの俳優さんなら納得できるの？」

そう聞かれてうまく答えられなかったとしても、「違う」という感覚があることだけは明確なのです。

自分だけの確固たるイメージができると、それが読書の推進力となります。

それは自分の頭のなかに主人公が生命を持って住みついているということであり、主人公が物語の世界に自分を引っ張ってくれるのです。

『カラマーゾフの兄弟』のような長編古典を読むときは、早めに主人公をイメージすることが大切です。

イメージが湧かなかったら、特定の俳優さんや声優さんをイメージしてもいいでしょう。イメージした人物が頭のなかで動いたり話したりするようになれば、物語を読み進めるスピードは一気に上がります。

Point

主人公を好きな俳優さんに当ててはめてみよう

同じ『カラマーゾフの兄弟』でも出版社によって訳者も巻数もさまざま

新潮文庫（全3巻）
原卓也 訳

岩波文庫（全4巻）
米川正夫 訳

光文社古典新訳文庫（全5巻）
亀山郁夫 訳

読み方②

3倍速を駆使する

私は録画したテレビ番組を観るとき、3倍速や30秒飛ばしの機能を駆使します。興味がない場面は3倍速で飛ばし、面白い場面だけ通常スピードで味わうのです。たとえば30秒飛ばしを駆使してアメリカンフットボールの試合を観ると、無駄を省いてプレーだけテンポよく観ることができます。

『カラマーゾフの兄弟』を読むときも、この方法を駆使してみましょう。自分で編集しながら〝つまみ読み〟するのです。

長編古典を読み切るには、メリハリをつけた読み方がポイントとなります。読んでいて気だるい感じのページがあれば、そこで3倍速すると最後までクリアしやすくなります。

『カラマーゾフの兄弟』と同じロシア文学の名作にトルストイの『アンナ・カレーニナ』（新潮文庫）があります。１８７０年代のロシアを舞台とする、女性が主人公の物語です。

この作品を読むときには、主人公であるアンナの行動にだけフォーカスして、アンナを中心に追いかけます。イラッとする性格の夫が登場したら、そのページは早送りしてアンナが戻ってきたらまたゆっくり読みます。

変則的な読み方といえばそうなのですが、途中で挫折するよりはマシと考えて割り切りましょう。

少なくとも主人公の動きを追っていれば、ストーリーを見失うことはありません。最後のページまでたどり着いたら「読み終わったぞ」と満足できます。

Point

ダイジェストの編集を真似してみよう

読み方③

人物相関図を描く

長編古典には、たくさんの人物が登場します。いろいろな人物が出てきて、突き抜けた喜怒哀楽の表情を見せ、平穏な世界をひっかきまわすからこそ、物語に躍動感やリアリティが生まれてきます。

「こういうヤバい人が自分の親だったら、たまったもんじゃないな」

こんなひと癖もふた癖もある人物が次々引き起こす乱闘騒ぎを、少し離れた安全地帯から眺める。これも読書の楽しみの1つです。

『カラマーゾフの兄弟』のような大作になると、読者の解釈も感想もさまざまに分かれます。

次男のイワンに共感する読者もいれば、三男のアリョーシャに共感する読者もいます。**人物の言動をめぐって賛否両論が分かれることもしばしばです。それだけドストエフスキーの人物の描き方には、深みがあるということです。**

ただし、濃いキャラクターがたくさん出てくると、名前や関係性を覚えにくくなります。

誰が誰だかわからなくなると、ストーリーの展開を追うのが難しくなり、途中で挫折する可能性も高まります。

そもそも海外文学は人名になじみが薄いので、覚えにくいという難点がありまず。しかもロシア文学の場合、同一人物でも「ソーニャ」「ソーネチカ」、「ドーニャ」「ドーネチカ」など、表記が微妙に変化することがあります。

それだけに『カラマーゾフの兄弟』は、難易度が高めなのです。

この問題を解消する有効な方法があります。**登場人物の相関図を作ることです。**

ネットで「カラマーゾフの兄弟＋人物相関図」と検索すれば、いくつかヒットします。

それらを参考にしてもいいのですが、自分で作成しながら読んでいくと、より深く理解できるようになります。

読み進めながら、新しい人物が登場するたびに相関図に加えていくのです。自分で相関図を描いていったほうが、頭のなかを整理しやすいですし、身につきやすいです。

本の表紙裏などを使えば、紛失の心配もなくなります。どんな人物かを箇条書きでメモしておけば、なお安心です。

Point

登場人物が出てくるたびに相関図に加えよう

『カラマーゾフの兄弟』相関図

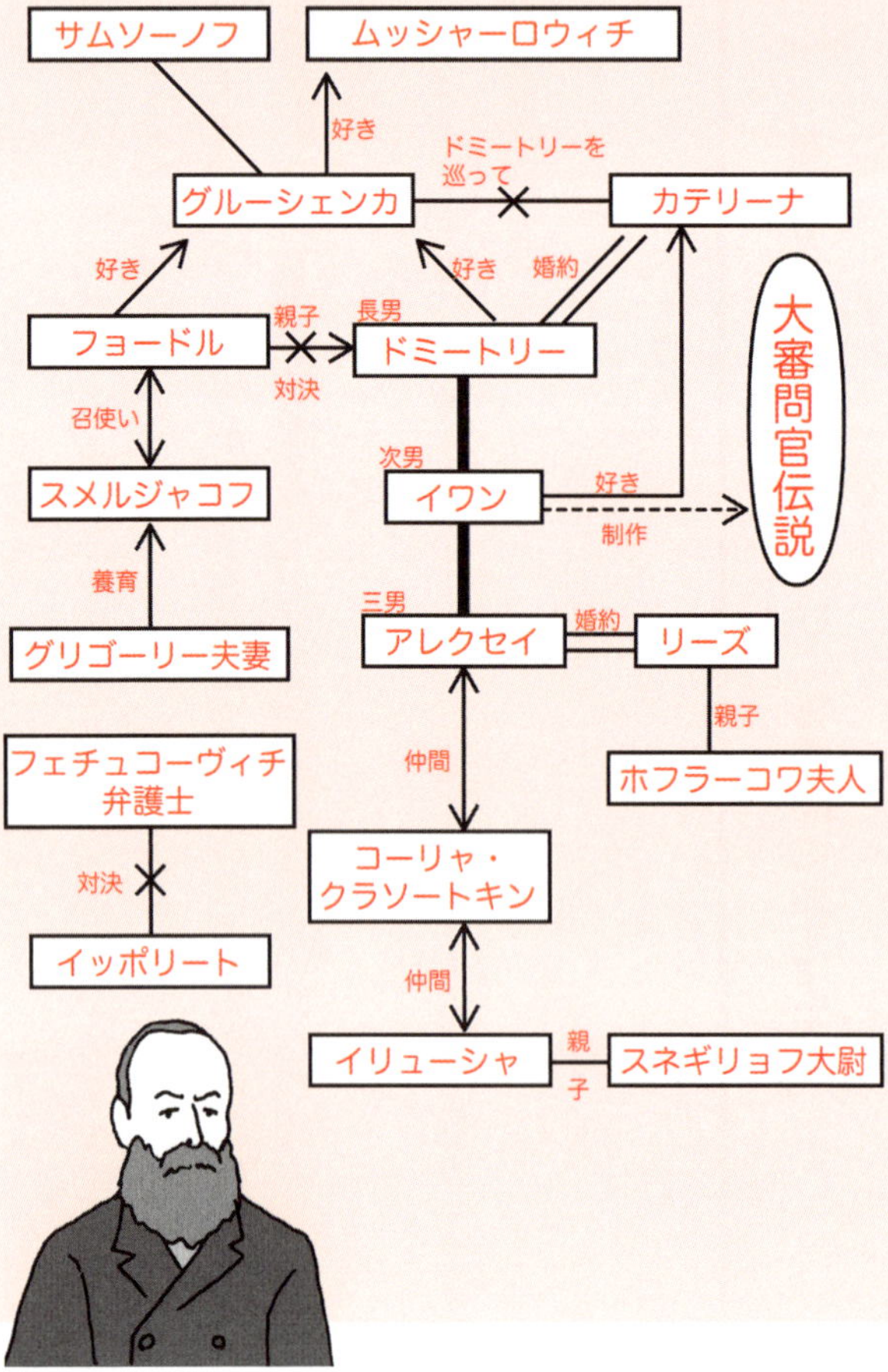

読み方④

会話の部分だけ追う

長編古典の名作は、情景描写や心理描写に優れています。描写の味わいが名作を名作たらしめているのです。

けれども、それは長編古典の初心者にとってみれば「まどろっこしい」「なかなか先に進まない」というマイナス要素にもなり得ます。慣れないうちは読み進めるのに苦労するため、挫折の原因にもなりかねません。

長編古典を読みやすくするためにおすすめしたいのが、**カギ括弧のついた会話の部分を中心に拾い読みする〝シナリオ読み〟です。**

すべてを完璧に読み込もうとせず、理解しやすい会話部分だけ拾っていけば十分だと考えてみましょう。

ふだんの生活で私たちが交わしている会話は、そこまで難しくはありません。それは小説も同じで、会話の部分は地の文と比べるとわかりやすい表現になっています。

会話部分だけ拾ってつなげていけば、読みやすくなるのは当然なのです。そうやって、ぼんやりと全体像をつかんでいきましょう。

会話部分を読んでいると、登場人物同士の人間関係もわかります。セリフのなかに、上下関係や好き嫌いの感情、喜怒哀楽が表されているからです。

ひと言で「会話部分」と言っても、省略できる部分もあります。『カラマーゾフの兄弟』には、本筋と無関係のエピソードが複数入り込んでいます。どれも面白いので1つひとつ味わうのが理想ですが、読み切ることを優先させるなら、ちょっと回り道に感じられます。

そこで、**無関係と思われる会話は、思い切って読み飛ばします。あくまでストーリーを追うことに全力を注ぐのです。**

「そんなに飛ばし読みしたら、訳がわからなくなるんじゃないの?」と心配になるかもしれませんが大丈夫です。私たちは日常的に〝ストーリーを飛ばす訓練〟をしているからです。

映画は、ある時間の流れを2時間程度に編集して見せる芸術です。主人公の80年にわたる一生を切り取り、つなぎ合わせて見せる場合もあります。

そんな映画を観ながら、「あれ、ワケがわからない」となることはあまりないはず。実際には、ものすごい年月がカットされているのですが、そのストーリーを私たちの頭のなかで補っているからです。

電車のなかで知らない人同士が話している会話が、耳に入ってくることがあります。最初はなにを話しているのかわかりませんが、そのうち「ああ、送別会について話しているんだな」などと察知します。

これも会話の断片情報をもとに、想像して補っているから推測できるのです。

この〝補整力〟を読書に応用しましょう。 会話の部分だけを拾って読み飛ばしても、その間に起きたことをある程度は補いながら理解することはできます。

全体像をつかみながら、部分的な理解を進めるというイメージです。

ときには肝心の部分を読み飛ばしてしまい「あれ、なんでこうなったんだ?」と本筋を見失いそうになることもあるでしょう。

そうなったら数ページさかのぼって、丁寧に確認すればいいです。労せずして、本筋に再合流できます。

こんなふうに読んでいるうちに、適切に読み飛ばす力、飛ばした部分を補整する力のどちらもアップします。読むスピードも、どんどん上がっていきます。

そうやってスピードが上がるにつれ、長編小説への苦手意識も少なくなっていくはずです。

Point

読み飛ばしてもストーリーを追うことはできる

進め方①

進捗をチェックしながら読む

最後、3つめのステップは「進め方」です。

『カラマーゾフの兄弟』のような長編古典を読むときは、「どこまで来ているか」という「進捗管理」をこまめにすることが大切です。

山を登るときに1合目、2合目、3合目……という具合に高度を上げながら踏破していくようなイメージです。

山の「合目」は、登山口から山頂までを10分割したものですが、私の場合、大きな目的を我慢しながらクリアするときに、よく「何分の何」という尺度を持ち出します。

大学生のころ、私は何百枚もの答案用紙を添削するアルバイトをしたことがあります。

目の前に積まれた大量の答案用紙を見て、気が遠くなりかけましたが、そこで一計を案じ、「5分の1をクリアした」「5分の3まできたぞ」「あと5分の1だ」と全体を5分割して進めていたら、なんとか終えることができました。

長編小説も、このような感覚で進捗管理しながら読み進めます。

5分の1までクリアしたら、次に5分の2を目指します。5分の2に到達する手前で、別の尺度で「3分の1を超えた」という瞬間が来ます。

3分の1から3分の2までは結構な開きを感じますが、その間に「2分の1」「5分の3」といったポイントの通過を小まめに確認しながら、読み続けるためのモチベーションを保ちます。

3分の2を超えたら、次は5分の4のクリアを目指します。そこを乗り越えたら、あとはゴールに向かってラストスパートです。

10分の1くらいの段階では、「まだまだ先がある」とゲンナリするかもしれませんが、進んでいくうちに「いいぞいいぞ」「もうここまで来たんだな」という気分になってきます。

この進捗の高揚感が読み進めるモチベーションを高めます。

もちろん、進捗管理の尺度は人それぞれで結構です。「285／500ページ」「達成度58％」などと、細かくしたほうが性に合っているのなら、そうすればいいと思います。

また毎日読み終わったページをスマホのカメラなどで撮って、フェイスブックやツイッターなどにアップすると張り合いが生まれるという学生もいました。

Point

進捗度がわかると気持ちに張り合いが生まれる

進め方②

1冊に3か月浸る

本を読む「期間」というのも、見逃せないポイントです。

85ページで「30分1冊勝負」を紹介しましたが、『カラマーゾフの兄弟』『アンナ・カレーニナ』などの長編古典を30分で読むのは、さすがに無理があります。

こうした長編古典は「3か月」という長めの期間を設定して、焦らずに読んでみましょう。新潮文庫の『カラマーゾフの兄弟』上・中・下巻ならば、月1冊ずつとなります。

月1冊ですから、1日に読むべきページ数が割り出されます。それを朝夕の通勤・通学電車やスキマ時間、週末のまとまった時間を使って読んでいくのです。

たとえば『カラマーゾフの兄弟』上巻は全667ページありますが、これを30日で割ると、毎日21ページ読むことが目安になることがわかります。

毎日ちょっとずつ長編を読む楽しさというのは、なかなかのものです。最後のほうになると、読み終わるのがさみしくなってきます。

理想をいうと、春夏秋冬の季節と3か月の期間を合わせたいところです。こうすると、後々いい思い出として記憶に残ります。

「2019年の春はカラマーゾフで過ごしたな」

「あの年の冬は、アンナ・カレーニナと一緒だったな」

読書と季節をセットにすることを思い出してください（167ページ参照）。

これに場所も加えて「読書と季節と場所をセットにする」と、より味わい深くなります。

「そういえば29歳の冬、あのカフェでカラマーゾフを毎日読んでいたっけ」

「秋の読書シーズンに、あの公園のベンチでアンナ・カレーニナを読んだよな」

こんな具合に、読んだ季節と場所の記憶がセットになって、懐かしい思い出に変わります。

その場所へ行くたびに『カラマーゾフの兄弟』の世界観が呼び起こされ、何度でも追体験できます。

そういえば私の予備校時代の奥井先生は、年末になると必ず『カラマーゾフの兄弟』を読み返すと言っていました。毎年恒例の儀式にしてみるのもいいですね。

Point

「1シーズン1冊読み」で没頭してみよう

進め方③

手の動き優先で読む

本を読むという所作には、ページをめくる「手の動き」と、文章を追う「目の動き」があります。

このうち「手の動き」を優先させてください。

どんなに分厚い長編古典でも、理屈のうえでは、一定ペースでページをめくっているうちに終わりがやってきます。この〝一定ペース〟が大事です。目の動きに合わせていると、ページをめくる手が遅くなったり止まったりしてしまいかねません。だからこそ、なかば強制的に手の動きを優先させるのです。

一定ペースで手を動かすイメージで、ページを淡々とめくっていきます。それ

に目の動きを合わせていく感じです。

ページをめくるタイミングなのに、目がまだページの真ん中あたりの文字を追っているというのは、読みが遅すぎるということです。そんなときは、読み飛ばす行を増やして、目の動きを早めるように意識します。

手と目の動きが「合っている」という感覚を早めにつかんでおきましょう。それが読み進めるときの基本のテンポとなります。

手の動きのペースがつかめないときは、予定している読書時間をページ数で割れば導き出されます。

ものすごく面白くて興奮するページに出会ったらじっくり読むのもいいですが、基本ペースを保ちながら最後まで進むように意識します。

これまで読書はメリハリが大切だとお話ししてきましたが、本当に読むのがつらいページは、加速して読み飛ばしてもいいです。そこは補整力で補いましょう。

さて、どうしても手の動きに、目の動きがついていけないという人に、ここでとっておきの〝裏技〟をお教えしましょう。

わからないままページをどんどんめくっていき、クライマックスだけじっくり精読するというものです。

『カラマーゾフの兄弟』でいえばラストに、主人公のアリョーシャと少年たちが「カラマーゾフ万歳！」と言いながら歩いていくクライマックスが出てきます。そこを読むだけでも感動があります。

「前になにがあったか知らないけれども、とにかくいい終わり方でよかったね」という気分になりますから、この感動を忘れず、時間をおいてから再びチャレンジしてみてください。

Point

一定ペースを守って読み進めよう

終

長編古典を読み切ると人生が変わる

最後に、あらためて長編古典の魅力についてお話しましょう。

私は20代のころ、「自分には能力があるはずなのに、全然評価されていない」と不満を感じながら悶々と過ごしていた時期がありました。

そんなときに『罪と罰』をじっくりと読みました。

『罪と罰』では、主人公のラスコーリニコフが社会に恨みを抱いて、ついには殺人を犯すに至ります。

私は最初、ラスコーリニコフがとても他人のように思えませんでした。彼が青年期の鬱屈を代弁してくれたからです。

しかし、やがては滑稽に思えてきました。

彼は、それらしい理屈を言ってはいますが、結局のところ、罪のない人の命もあやめる大馬鹿野郎なのです。

「社会が悪いとか周りが悪いとか言っている場合じゃないよな」

『罪と罰』を読み終わった後、私はそう思ったことをよく覚えています。

『カラマーゾフの兄弟』では、絶望的な感情に陥ったアリョーシャが、大地に倒れ込み、大地の偉大さに気づくシーンが出てきます。

起き上がったアリョーシャは、不屈の闘志を持って復活します。

「あのとき自分が変わった」「あんなことを思っていた自分が遠く感じられる」

アリョーシャのエピソードを読むと、人間が変わるということを確信できます。

長編古典には、恐ろしいほどの普遍性があります。

自堕落に振る舞ったり、間違いを犯したりするところも含めて「生きているとはそういうことなんだ」と肯定できるのです。

長編古典を読むと、人生の階段を一段上ったような気分になれます。

1冊読み切ったら、堰を切ったようにたくさんの本を読んで、たくさんの階段を上がっていただきたいと思います。

Point

長編古典からたくさんの普遍性を学ぼう

おわりに

「1冊読み切る感覚がなんとなくわかった」と思っていただけたら嬉しいですが、いかがでしたでしょうか。

これまでは1冊読み通すのがきつかった。でも「本を読むって、いろんな方法があるんだな」という感覚が芽生えたら、もう大丈夫です。これからは、どんどん好きな本を見つけて、読書を楽しめるようになります。

AI（人工知能）が、人間の仕事をどんどん奪っていく時代がやってくるといわれています。試算によっては、いまある職種の就業者数のうち、ほぼ半分がAIに代替されてしまうと予測されています。

そんな時代にアナログの読書なんて、時代錯誤だと思われるかもしれません。「せっせと本を読んで知識を蓄えたって意味がない。ネットで検索すれば済むのだから」と。でも、それは大きな誤解なのです。

これから本格的に訪れるＡＩ時代に武器となるのは、「クリエイティビティ」だといわれます。クリエイティビティとは「新しいものを生み出す創造力」のこと。「考える力」「イノベーティブな力」ともいえるでしょう。

日本は高い製品力を誇る「ものづくり大国」として経済発展してきましたが、単にいいものを作れば売れるという時代は、もはや過ぎ去りました。

製品にしてもサービスにしても、なにが求められているかを「想像」し、今はないものを「創造」していかないと、グローバルな競争に負けてしまいます。ビジネスパーソンは、ＡＩに仕事を奪われてしまうか、ＡＩに使われる立場になりかねません。

そんなAI時代に武器となるクリエイティビティこそ、実は読書が鍛えてくれます。読書とは単に知識を詰め込むだけのものではありません。クリエイティブな行為そのものなのです。

本を読んでわからないことがあっても、スマホのように答えをネット検索できるわけではありません。自分の頭で考えて、答えを探そうとします。その過程でクリエイティビティが鍛えられるのです。

人情の機微に触れる「ホスピタリティ」(おもてなし)も、AIに代替されにくいとされていますが、映画の原作や小説の「心理描写」を想像することによっても、ホスピタリティは育まれます。

わからないことは、スマホでネット検索すれば解決するかもしれませんが、それではクリエイティビティもホスピタリティも育ちません。ぜひ読書を通じて、これからの時代に必要な武器をつかんでいってほしいと思います。

私の今があるのも、これまでに出会った数々の本のおかげです。

読者のみなさんが、たくさんの本に触れて、たくさんの本を読み切って、本について楽しく語り合うようになることを、心から願っています。

この本が世に出るにあたっては、ダイヤモンド社の斎藤順さんと、渡辺稔大さんの御助力をいただきました。ありがとうございました。

２０１９年１月

齋藤　孝

［著者］

齋藤 孝

1960年静岡県生まれ。東京大学法学部卒業。同大学大学院教育学研究科博士課程等を経て、明治大学文学部教授。専門は教育学、身体論、コミュニケーション論。ベストセラー作家、文化人として多くのメディアに登場。著書に『声に出して読みたい日本語』（草思社文庫、毎日出版文化賞特別賞受賞）、『身体感覚を取り戻す』（NHKブックス、新潮学芸賞受賞）、『雑談力が上がる話し方』（ダイヤモンド社）、『大人の語彙力ノート』（SBクリエイティブ）など多数。

1冊読み切る読書術

2019年1月16日　第1刷発行

著　者――齋藤 孝
発行所――ダイヤモンド社
〒150-8409　東京都渋谷区神宮前6-12-17
http://www.diamond.co.jp/
電話／03･5778･7227（編集）　03･5778･7240（販売）

装丁・本文デザイン―大場君人
編集協力――渡辺稔大
イラスト――堀江篤史
校正――――聚珍社
製作進行――ダイヤモンド・グラフィック社
印刷――――加藤文明社
製本――――ブックアート
編集担当――斎藤 順

ISBN 978-4-478-10597-9